21世纪高等院校创新课程规划教材

LEAN STARTUP

Innovation and Entrepreneurship Tutorial
Based on Industry Cloud Service

精益创业

基于产业云服务创新创业教程

莫赞　闵惜琳　/主编
徐振标　/副主编

中国财经出版传媒集团
经济科学出版社
Economic Science Press

图书在版编目（CIP）数据

精益创业：基于产业云服务创新创业教程/莫赞，闵惜琳主编．
—北京：经济科学出版社，2019.5
ISBN 978－7－5218－0319－8

Ⅰ.①精…　Ⅱ.①莫…②闵…　Ⅲ.①创业－高等学校－
教材　Ⅳ.①F241.4

中国版本图书馆 CIP 数据核字（2019）第 037245 号

责任编辑：程辛宁
责任校对：曹育伟
责任印制：邱　天

精 益 创 业
——基于产业云服务创新创业教程
莫　赞　闵惜琳　主　编
徐振标　副主编
经济科学出版社出版、发行　新华书店经销
社址：北京市海淀区阜成路甲 28 号　邮编：100142
总编部电话：010－88191217　发行部电话：010－88191522
网址：www.esp.com.cn
电子邮件：esp@esp.com.cn
天猫网店：经济科学出版社旗舰店
网址：http://jjkxcbs.tmall.com
固安华明印业有限公司印装
787×1092　16 开　9 印张　200000 字
2019 年 5 月第 1 版　2019 年 5 月第 1 次印刷
ISBN 978－7－5218－0319－8　定价：48.00 元

序

“大众创业、万众创新”带来产业发展新机遇

在2014年9月的夏季达沃斯论坛上，李克强总理在公开场合发出“大众创业、万众创新”的号召，他提出，要在960万平方公里土地上掀起一个“大众创业”“草根创业”的新浪潮，形成“万众创新”“人人创新”的新势态。此后，他在各种场合中频频阐释“双创”这个关键词。到各地考察时，他几乎都要与当地年轻的“创客”会面。他希望在“双创”战略的带动下激发民族的创业精神和创新基因。

2015年李克强总理在政府工作报告中又提出“大众创业，万众创新”。其含义是：推动大众创业、万众创新，既可以扩大就业、增加居民收入，又有利于促进社会纵向流动和公平正义。报告在论及创业创新文化时，强调“让人们在创造财富的过程中，更好地实现精神追求和自身价值”。

从美国1947年最早开展创业教育以来，带动了创业教育的理论体系和实践模式不断地发展。在对创业实践进行思考的前提下，国外近年来出现的影响力较大的创业理论书籍包括：《创业者的困境》（1997年）（我国出版于2010年）；《四步创业法》（2005年）（我国出版于2012年）；《商业模式新生代》（2010年）（我国出版于2012年）；《精益创业》（2011年）（我国出版于2012年）；《四步精益创业实战》《创业者手册》（2012年）（我国出版于2013年）。可以看出第一本《创业者的困境》在我国的翻译出版滞后13年，《四步创业法》在我国翻译出版滞后7年，随后3本书的翻译分别只滞后2年或1年，可见国内对创业教育理论的关注逐渐跟上了国际的步伐。

《精益创业》（作者：埃里克·莱斯）一书阐释了通过“精益思考”的方法进行创新。这种方法为公司提高创新的速度和效率提供了新颖有力的工具——最小化可行产品、经证实的认知、创新核算以及可执行指标。该书的“精益思考”是创立公司通过生产产品的客户探索，最终获得创业是否可行的认知。

《商业模式新生代》（作者：亚历山大·奥斯特）基于商业画布这一可视化工具，阐释了各类商业模式式样，并通过案例分析，给出设计商业模式的方法和流程。该书给出了大量的案例分析，并未结合创业管理。以上两本国外流行的创新创业管理理论，各成体系，两者尚未融合。

《精益创业——基于产业云服务创新创业教程》的出版将以上各自独立的理论体系进行融合，本教材的结构是用商业画布可视化商业模式，基于精益创业的思想来对商业模式进行验证，使得创业者学习针对目标顾客进行小范围实验，并反馈修改商业模式，获得核心认知，最终实现高速增长的创业实践。

商业模式随着互联网及移动营销的发展，发生着巨大的变化，也就出现了对商业模式所提出的“互联网+”，传统企业基于过去行之有效的商业模式举步维艰。它们都感觉到新的时代背景下必须要转型，要建立共享经济平台，但是在探索快速提升产业规模的方法和路径方面，许多中小企业陷入迷茫。而这些需要转型的传统企业所汇聚的产业资源正是裂变式产生创业团队的产业资源。

让我们基于移动互联网时代的云服务、大数据、社群等新技术，灵活运用精益创业、商业画布等新的管理方法，让创业团队与产业资源无缝链接，产生“核裂变”，并借“大众创业、万众创新”带来产业发展新机遇。

本教材主编团队在产学研合作成果的基础上，着力于案例研究分析，供创业团队及传统企业打开思路。本教材的特点是：紧跟创业理论发展前沿，将精益创业理论与商业模式画布进行创新性融合，在相关章节中开展典型案例分析，为创业团队提供了创业方面前沿的理论知识和实践案例。

本教材共分六章。创业教育概况、精益创业、商业模式、商业画布、基于精益创业的商业模式设计验证、案例分析。

本书整体结构由莫赞和闵惜琳设计并完成统稿，具体分工如下：第一章由赵冰执笔；第二章由林禄苑、詹嘉琪执笔，其中，第一节由林禄苑执笔、第二节由詹嘉琪执笔；第三章由田苗、封筠执笔，其中，第一节和第二节由田苗执笔、第三节由封筠执笔；第四章由张洪荣、黄胜辉、徐振标和陈江生共同执笔，其中，第一节和第三节由张洪荣和黄胜辉执笔、第二节由徐振标和陈江生执笔；第五章由莫赞、盖彦蓉执笔；第六章由闵惜琳执笔。在此特别感谢全体参编人员，并感谢广州微粤信息科技有限公司提供运营案例。

本书由2016年广东省高等学校电子商务特色专业建设项目及2018年广州市高校创新创业教育项目（项目批准号：201709k21）资助出版。

由于创新创业在国内处于快速发展期，相关理论依据及文献有限，同时由于时间较紧，教材中难免存在缺憾，敬请读者谅解。教材是产学研成果的总结，不代表任何企业和政府的倾向，欢迎读者指正并建议。

莫　赞　闵惜琳

2018年9月

目录

第一章

创业教育概况

第一节 • • •

创业教育发展

一、创业教育的概念

（一）人们对创业教育的认识

长期以来人们对于创业教育的认识有很大的不同。“创”在古代就有开创、首创的意思。《出师表》中“先帝创业未半而中道崩殂”就是这个意思。创业狭义的理解就是创造出自己的事业。广义的创业是指所有具有开拓性和创新性特征的、能够增进经济价值或者社会价值的活动。“教育”的基本含义就是培养新生一代准备从事社会生活的整个过程。“创业”和“教育”两者合二为一即培养具有开创性的个人。

20 世纪以来，关于创业教育概念，学术界许多学者从不同侧面提出了许多观点。创新理论的鼻祖约瑟夫·熊彼特认为创新就是要“建立一种新的生产函数”，就是要把一种从来没有的关于生产要素和生产条件的“新组合”引进生产体系中去，以实现对生产要素或生产条件的“新组合”。管理学大师德鲁克看来，创业是开创新的事业，它不能是重复以前老套的生产经营模式，必须是能够创造一种新的满足或改变旧的组织模式等，其本质是在组织（新建或已存在）中建立新的生产函数。创业教育就是将创新同时应用到学校和企业中，我们说创业教育，实质上就是要培养有创新精神，并且能够将创新运用于企业价值创造实践中的人才。

首次提出创业教育的美国学者柯林·博尔提出了 21 世纪新的教育哲学观

念，未来的人都应该具有三本“教育护照”：第一本是学术性的“教育护照”——反映其学术能力；第二本是职业性的“教育护照”——反映其职业能力；第三本是创业性的“教育护照”——证明其事业心和开拓技能。“第三本护照”的提出说明人们已经十分关注创业教育对适应未来挑战的重大作用。

我国的一些学者如杨晓风在《关于更新教育思想进行创业教育的探讨》中写道“创业教育就是在人生经历之中进行创造和职业相结合的教育”。提出创业教育以培养合理的人生为宗旨，要培养三方面基本能力：“培植生活力”“培养劳动能力”“发挥创造力”。认为整个生活的教育是创业教育的出发点和归宿、全面教育是创业教育的基础和核心。归纳创业教育的三原则：“科技、教育、经济三结合”“德育为本、创业为用”“学问与职业一贯”。

关于创业教育普遍认为有两种定义。狭义地讲，创业教育是一种培养学生从事商业活动的综合能力的教育，学生从单纯的谋职者变成职业岗位的创造者。广义地讲，创业教育就是要培养具有开创性个性的人。

（二）创业教育的定义

创业教育定义的多样性反映了人们对创业教育的不同理解和学者们不同的研究重点。但是不同的定义，只是认识角度和侧重点不同。在总体上对创业教育本质的认识还是相通的，所谓创业教育就是开发受教育者创业基本素质，提高受教育者创业能力的教育活动。这一定义可以从以下几个方面进行理解。

（1）针对大学生就业，培养学生创办企业的能力。

（2）通过相关课程体系整体提高学生素质和创业能力。

（3）创业教育服务于创业人才培养。通过创新教育模式和实践，帮助大学生增强创业意识、培养创业品质、掌握创业知识、提升创业能力。

二、创业教育的起源与发展

（一）国外创业教育的起源和发展

创新创业教育在欧美发达国家已经经过了几十年的发展。普遍认为创业教育的开端是1947年2月哈佛商学院MBA课程“新企业的管理”的开设。而实际上，根据创业教育的定义，它并不仅仅是局限在商学院的课程上。

1912年奥地利经济学家约瑟夫·熊彼特提出了“创新”理论，随后在20世纪40年代诞生了创新教育，并于70年代后期在发达国家迅速兴起。1989年11月联合国教科文组织在北京召开的“面向21世纪教育国际研讨会”上提出了“创业教育”概念，并在1995年发表的《关于高等教育的变革与发展的政策性文件》中全面阐述了“创业教育”内涵。1998年联合国教科文组织在巴黎召开首次世界高等教育会议上发表的《21世纪的高等教育：展望与行动世界宣言》中又进一步指出："为方便毕业生就业，高等教育应主要培养创业技能与主动精神，毕业生将越来越不再仅仅是求职者，而首先将成为工作岗位的创造者"。在创业教育实践方面，一般认为美国商人霍勒斯·摩西于1919年创立的青年商业社对高中学生实施的商业实践教育催生了美国的创业教育。1947年哈佛大学商学院的麦尔斯·梅斯教授率先开设的一门创业教育课程——"新创企业管理"被认为是美国大学的第一门创业学课程，是创业教育在大学的首次出现。

但20世纪60年代，由于大公司的繁荣发展和小企业的不断减少，导致大学创业教育缺乏成长的土壤，进入相对停滞阶段。直到1967年斯坦福大学和纽约大学开创了现代的MBA创业教育课程体系，才标志着创业教育在美国及其他发达国家迅速发展开来。1968年百森商学院第一个在本科教育中开设创业方向；南加州大学于1971年提供了有关创业的工商管理硕士学位；1973年东北大学开设了美国第一个创业学本科专业。

到20世纪80年代末，已有300多所大学开设创业管理类课程，其中商学院是一股主要的力量。20世纪90年代以来，创业教育作为一门学科日臻成熟，到2003年，全球已有超过1500所大学开设了创业管理相关课程，有44种创业管理相关的英文期刊。

（二）我国推动创业教育发展的因素

1. 开展创业教育是创新型国家建设的迫切需要

进入21世纪，应对激烈的国际竞争，我国迫切需要建设创新型国家，增强实力，摆脱不平等的国际分工。建设创新型国家的首要问题是在全社会培育创新精神；关键环节是使企业成为创新主体；核心要素是造就大批创新型人才。而创新精神的培养、企业创新主体地位的确立、创新型人才的造就，很大程度都依赖于创业教育。从国际和国内历史经验来看，企业在创新体系中具有重要的作用。中国在计划经济体制下，主要依靠政府、科研院所和高等院校来推进技术创新。但随着市场经济体制的建立和逐步完善，企业在自主创新中发挥着越来越重要的作用。而企业的创立和发展，更是离不开创业教育。

2. 开展创业教育是促进科技成果转化的迫切需要

我国要在21世纪中叶达到中等发达国家水平，必须大力提升全民的创新意识和创新能力，抓住机遇大力发展知识经济，实现我国经济社会的协调发展。据统计，2017年我国科技成果转化率仍不高，仅为10%左右，远低于发达国家40%的水平①。造成这种局面的原因很多，其中缺乏创业意识和创业技能是重要的制约因素之一。由于缺乏创业意识和创业技能，单纯技术发明或创

① 刘长庚．创新不转化等于浪费（建言）［EB/OL］．人民网，http：//hb.people.com.cn/GB/n2/2017/0517/c192237-30193354.html，2017-05-17.

新没有创造原动力，欠缺面向应用的针对性，因此难以转化。开展创业教育将在很大程度上促进科技成果转化。

3. 开展创业教育是深化高等教育改革的迫切需要

随着高等教育大众化进程的加快，当前大学生就业形势已日趋严峻，大学生毕业即失业的现象已不鲜见。大学生一味等待就业机会的来临，而非积极地创业和开拓事业，在就业状态下，将部分挤占社会岗位资源，加剧整个社会就业负担；在失业状态下，将会造成智力资源的极大浪费，同时会延缓高等教育大众化的进程。国外的经验表明：有效实施创业教育，可以培养和造就数以百万计有创业精神和创业能力的小型企业家，这既可增强国家经济活力、促进社会经济发展，又可优化人力资源配置，缓解社会就业压力。就业教育与创业教育是两种不同的教育质量观，采用两种不同的培养模式。深化高等教育改革就是要改变传统的就业教育的思维模式，使高校毕业生不仅是求职者，更是工作岗位的创造者。这种以创造性就业和创造新的就业岗位为目的的创业教育，是大众化背景下深化高等教育改革的迫切要求。

4. 开展创业教育是促进大学生自我发展的迫切需要

当代大学生更加关注个性化发展，越来越多的学生以创业为目标，追求在最大程度上发展个性、实现自身价值。同时，面对激烈的就业竞争压力，不少学生为拓展将来职业发展空间，在夯实理论知识、掌握基本技能的同时，迫切希望学习一定的创业知识，培养创业能力。这就要求高校在进行传统的就业教育的同时，还必须开展创业教育，注重激发学生的创业欲望，培养其创业素质。只有这样，才能使毕业生具备竞争能力和生存能力，既可以去寻找合适的岗位就业，又能够在为了寻求更好的自我发展机会时走向自主创业的道路。因此，开展创业教育也是学生谋求生存、促进自我发展、实现自身价值的需要。

（三）国内创业教育的发展

近年来，创业逐渐成为我国社会的一个流行词语，呈现出强劲的发展态势，我国已经成为全球创业最活跃的国家之一。我国创业教育起步较晚，并且多为简单效仿美国高校创业教育和大学生创业活动，所以，总体上还处在创业教育的初级阶段。

我国创新创业起源于20世纪70年代末的改革开放时期，并作为联合国教科文组织“创业教育”项目的成员国，早在1991年就在基础教育阶段试点创业教育，但高校创新创业教育起步较晚。

1997年“清华大学创业计划大赛”正式拉开了我国创业教育的帷幕；1998年中共中央国务院公布的《关于深化教育改革，全面推进素质教育的决定》指出“高等教育要重视培养大学生的创新能力、实践能力和创业精神”。江泽民、李岚清同志1999年在全国教育工作会议上分别指出“要帮助受教育者培养创新意识、创业意识和创业能力”“要探索鼓励高校毕业生自主创业的有效途径和相应的政策措施”；1999年教育部制定的《面向21世纪教育振兴行动计划》比较完整地提出了创业教育概念，并指出“加强对教师和学生的创业教育，鼓励他们自主创办高新技术企业”。2002年教育部将清华大学等9所院校确定为开展创新创业教育的试点院校，标志着我国创新创业教育正式启动。随后教育部又连续举办了四届全国高校创业教育骨干教师高级研修班，大学生创新创业教育在各高校全面铺开，日趋火热。

2005年8月，共青团中央、全国青联引进了联合国国际劳工组织大学生创业教育项目——KAB（Know About Business），清华大学等多所高校被选为KAB创业教育试点高校。经过十多年的探索实践，我国创新创业教育环境得到了明显改善，创新创业教育和创新创业研究都取得显著成效。一系列创新创业学术会议相继召开，一些创新创业教育项目开始实施，诸多创新创业支持政策相继出台，创新创业文化氛围日渐浓厚，不少学校建立了创新创业实践教学机构和研究中心，创新创业教育课程初成体系，教学方法日渐完善，教学项目不断增加，教材建设初具规模。

三、创业教育的性质

（一）持续性

在创业时代，创业教育应贯穿于人的一生。根据创业具有意识、知识、资源的长期积累性与创业行为的突发性并存的特点，一个良性的创业教育体系应该是非终结性的，是终身教育体系中一个不可分割、具有时代特征的重要组成部分。创业教育包括人一生中连续不断的学习过程，是创业者一生中在一切时间、机构、地点，通过各种形式接受的各种创业教育的总和。

（二）广泛性

当今世界已经成为一个命运相连的共同体，困扰人类发展的全球性问题越来越突出。在这种世界剧变中，创业已不再局限于某个国家内部，而成为一项全球性事业。随着全球化经济社会的发展，全球创业成为创业者的重要选择。因此，全球创业教育将成为重要的发展趋势。

（三）创业行为过程的动态复杂性

创业不仅包含静态、单一的行为过程，创业过程越高级，其行为越呈现出动态的复杂性特征。它具有复合性、差异性、长期性等行为特征。

（四）复合性

许多创业行为是不同创业主体之间相互协作、创业主体与创业客体交互作用的结果。在复杂的创业环境中，创业者要善于利用各种创业资源，不断调整创业策略，在同一甚至不同的创业领域组成多种形式的创业团队，共同开展复合式创业活动。与单一创业主体的创业活动相比，这种复合式创业活动有利于不同创业者之间相互取长补短，产生协同创业效应。

（五）差异性

不同类型的创业体现出专业、行业的多元差异，不同时期的创业也体现出阶段性特点。从创业类型看，创业可分为知识型、技能型、机会型等。

（六）长期性

创业是长期的、连续的过程，而非一次性、终结性的行为。其表现在：一方面，旧的创业行为在新的形势下不断调整行为方式，以适应新的发展需要；另一方面，多种创业行为同时并行，互相影响。

第二节

创业教育的价值取向

一、创业教育的价值标准的确立

创业教育的基本功能为两类。一是在维系社会的各项核心价值的基础上，为个体创业行为提供意义。二是个体创业所需各项技能的培养。核心价值来自教育本身所承载的终极目的，即人的全面而自由的发展。全面而自由的发展不是无所不包的发展，而是自我实现的发展，只有经由这一发展过程，个人才逐渐变成一个在心理上不可分的，即一个独立的、不可分的统一体或整体。不但人人追求实现，而且人人皆得实现，即人人以一种全面的方式，占有自己的全面的本质。

二、促进创业者自我实现的价值

创业教育首先应当是关于意识、精神和心灵的教育。正如荣格所指出的，对“自我”的还原和认识是“自我实现”的前提。如果教育不能帮助一个潜在创业者充分意识到这一点，或者不能帮助一切受教育者辨识最优的实现道路，都可能导致他未来人生的整体“失败”。所以，创业教育的首要任务就是要唤醒潜在创业者的创业意识，使他们在自我意识的觉醒中积极而自觉地去认识和体验，在探索与实践中充分发挥个体的创造力。

三、促进每个人自我实现的价值

就个体而言，创业比就业更能体现自我价值的实现，虽然在直观上，这些实现方式之间并无明显的价值差异。就社会的整体而言，创业具有更为优先的价值顺序。目前，中国社会生产力可持续健康发展决定性地依赖于经济增长方式从“资源驱动”向“创新驱动”的转变，而新增长理论及其经济学实践都可以证明，后者的出现取决于前赴后继的“知识型创业者”和此起彼伏的“知识型创业”。创业不是纯粹的私人活动，它不但是创业者的实现方式，更是每个人自我实现的必要条件。在此意义上，创业教育的最高价值不仅仅是创业者自身的全面自由发展，而是更进一步着眼于实现每个人全面自由发展的“社会目标”。

第三节 • • •

创业人才培养新视域

一、国内外创业人才培养模式的探索

（一）国外创业人才培养模式的探索

不同条件和环境下的创业型大学应该采用不同的人才培养模式。以麻省理工学院和沃里克大学为例探索国外创业型大学的培养模式。

1. 以麻省理工学院为例

创立于1861年的麻省理工学院，从一所根据社会需要和企业订单来开展相应研究的赠地学院到一所将教学、科研与知识资本化相结合的创业型大学，主要通过以下创业活动来完成。

（1）教授咨询活动。大学教授为企业提供咨询服务，就是大学教授向企业出售知识，是“大学—企业”合作关系的开始。刚开始这种行为饱受争议，后来逐渐成为教授的一种价值取向，并且在他们的头脑中深埋下研究源于并归于实践、教学联系实际的种子。这种价值取向是从大学咨询活动到形成大学公司的必要条件。

（2）与企业和政府签订研究合同。早期的咨询活动是教授和企业合作的个人行为，大学很难在这种直接的合作中获得好处。于是，与教授咨询活动的协议被大学与企业的合同所取代，教授咨询活动只是合同中的一部分。这种合作模式规范了企业和大学之间的非正式关系，而且企业需要为大学的研究成果付费。后来这种合同模式被麻省理工学院首次用在“学校—政府”之间的合作中。这样麻省理工学院不仅获得了政府的大量科研经费，而且保证了大学研究在一定程度上的自主性。

（3）专利的许可与转让。随着麻省理工学院科研实力的增长和科研活动的频繁，20 世纪 30 年代，麻省理工学院决定通过建立一整套专利制度来重构大学与企业的关系，使得大学从所创造的知识中获利。

（4）创建新技术公司。在咨询阶段，教授为企业提供服务只是单纯的劳务输出。随着教授在企业中的重要性的增加，教授凭着科研成果或者专利越来越多地参加到公司的运营中，甚至直接在他们研究成果的基础上创办新公司。

（5）创立风险投资公司。随着教授个体创建新公司数量的增多，一个集技术、商业和金融为一体的风险投资公司——美国研究发展公司得以成立，负责新公司的孵化工作。

2. 以沃里克大学为例

沃里克大学在 1965 年创校之初就确立了“既适应时代需要，又是一项以学科为中心的事业的办学理念”。“适应时代需要”就是适应沃里克大学所在地考文垂地区工商业发展的需要，“以学科为中心”就是在发展学科优势和提高学术实力的基础上进行创业，二者结合的实质就是“学术研究与创业兼顾”。沃里克大学创业的活动主要有：

（1）全面开展培训工作。沃里克的商学院、教育学院、继续教育学院提供了大量的职业和短期培训课程、夜校和远程教育等课程，获得了大量的学费收入。同时，它还大量招收外国留学生。

（2）主动建立与工业界的联系。在英国等级鲜明的大学体系中，沃里克大学作为新大学并没有能力向政府申请额外的科研经费。它主动密切与企业的关系，开创了充分发挥自己的主动性、直接促进地方经济发展活力的模式，后来被誉为“促进工业发展”“适应时代需求”的大学。

（3）创办沃里克制造业集团。沃里克制造业集团依托于工程系，通过成果转化、产品开发获得了大量收入，极大促进了地区制造业的发展，同时也通过实地的创业教育培养了一批批高素质的企业所需的创业型人才。

（4）建立科学园。1984 年，沃里克科学园区成立，该科学园为学校有商业潜力的科研成果提供转化的平台和土壤，为企业的孵化、创业人员的培训提供了制度化的基础。科学园使大学的创业活动从单一的以学校为主体的行动，变成了由多方参与、大学与产业双向互动制度化的一项行动，促进了沃里克大学的全面创业活动。

（5）积极开展社会服务。沃里克大学还大胆地在学校提供营利性的服务，例如，公开艺术表演，出租剧院和学生宿舍，开办银行、美容室、书店和新闻社等来增加学校的收入。

麻省理工学院和沃里克大学虽然创业的起点和创业战略不同，但是都是以学术研究为基点，与大学所在地区产业保持紧密联系。这也是我们创业型高校后来经常使用的模式。

（二）国内创业人才培养模式的探索

当前，中国高校开展的创业教育还处在起步阶段，多是借鉴国外大学生创业教育研究成果。

（1）开设创业课程。从开始提出创建创业型大学，很多高校都是首先开设创业课程培养大学生的创业意识。设立创业学分，开设“大学生职业生涯设计导航”这类的创业课程。

（2）设立创业导师，由校内专业教师与校外创业成功人士组成，加强对大学生创业教育的指导和引导。

（3）设立创新创业基金。与学校合作的企业出资设立“创业基金”，用于奖励创新创业优秀的学生和团队。

（4）出台学生创新创业奖励条例，支持鼓励学生创业。

（5）开展形式多样的大学生创业教育活动，激发大学生创业热情。发起组织了大学生创业计划大赛、大学生创业论坛，提出了基础实践、创新实践、创业实践、创造实践等系列实践活动，激发大学生的创业意识。培养大学生艰苦创业、敢于创业、创新创业、自主创业的精神。

二、创业人才培养的创新路径

（一）产业和创业教育结合

对一所大学来说，市场机会可能性的实现，不仅取决于各个大学的进取心和策略选择，而且取决于大学学科与外部需要的契合程度。为地方经济社会发展服务是地方高校的重要使命，我国地方高校的创业道路需要主动搭建与外部需求的联系，以本地区产业发展为服务对象。地方高校的创业型大学建设应该与当地社区和产业建立密切的合作关系，把创业目标锁定在地方产业需要上，大力发展与地方产业相关或需要的学科，把重点放在那些大学的优势学科、新兴学科或与当地产业紧密联系的学科上，以这些学科为中心进行创业，同时也在创业活动中着重发展这些学科，以获得更多的资源和发展机会。

（二）新技术和创业教育结合

创业是一个复合型的系统工程，但专业始终是创业的基础。我国大学生真正参与高科技创业（包括创业项目中拥有专利权、商标权和著作权等知识产权）的创业者并不多，相比之下，美国大学的创业教育以创新为核心、为基础，他们的创业着眼点充分聚焦在创新性上，美国大学生创业中的创新性特征非常突出，他们的创业项目大多技术含量很高，或者是跨学科的创新组合，尤其是 IT 领域的创业一直处于全球领先。反观中国大学生创业，差距很大。

（三）创业理论和创业教育结合

随着互联网的发展，创业模式发生了翻天覆地的变化。不仅传统企业在过去的商业模式下举步维艰，而且现在的很多高校创业教育还是以传统营销理论为基础，并没有将精益创业、商业画布等这类创业理论和创业教育结合起来。只有将这些创新型理论和创业教育结合起来，才能做到培养顺应时代发展的人才，才能帮助企业更好地完成转型。

第二章

精益创业

第一节

四步创业法

《四步创业法》是精益创业理论的奠基之作。作者斯蒂文·加里·布兰科（Steven Gary Blank）博士是硅谷资深企业家，他创办了多家企业，并担任多家硅谷公司的董事和创业顾问。多年的创业经历让他深深体会到传统创业方法的不足。《四步创业法》一书总结作者25年创业经验，提出全新的客户发展方法以弥补现有产品开发方法的缺陷，掀起了硅谷近年来精益创业的浪潮。在本节将回顾斯蒂文·加里·布兰科博士所提出的四步创业法步骤。

一、客户发展方法概述

（一）客户发展方法的定义

采用一套独立于产品开发方法的流程，才能解决寻找早期客户、定位市场的问题。这些流程、方法统称为客户发展方法。

（二）客户发展方法中四个阶段的目标和原理

提出客户发展方法的目标是解决产品开发方法面临的十大问题：

（1）不清楚顾客在哪里。

（2）过分强调产品的上市时间。

（3）过分强调执行，忽略探求和学习。

（4）市场营销活动和销售工作缺少明确目标。

（5）用产品开发方法指导销售。

（6）用产品开发方法指导市场营销。

（7）仓促扩张。

（8）恶性循环。

（9）忽略市场类型的影响。

（10）好高骛远。

客户发展方法把创业初期与客户相关的活动按目标划分成四个易于理解的阶段：客户探索、客户检验、客户培养、组建公司，如图 2－1 所示。这四个阶段环环相扣，与产品开发方法配合使用。

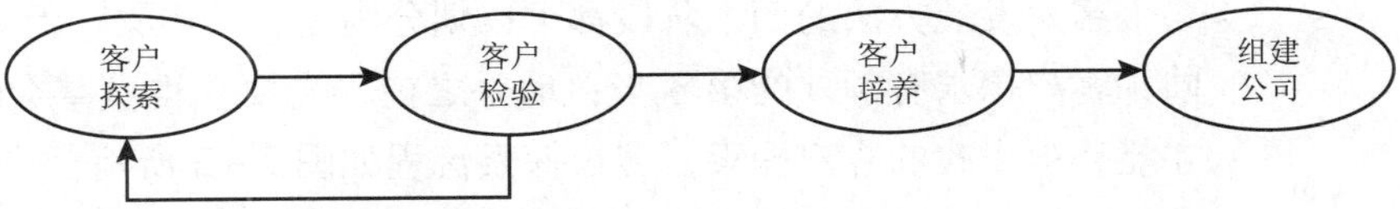

图 2－1 客户发展方法

客户发展方法不是产品开发方法的替代品，而是对它的补充。客户发展方法的四个阶段的目标可以这样概括：客户探索的目标是根据既定的产品设计，去寻找目标客户，判断产品能否解决客户的问题；客户检验的目标是找出可重复使用的销售模型；客户培养的目标是激发更多的潜在客户；组建公司的目标则是从学习、探求型团队向全速运转的企业过渡。市场类型直接决定企业分配营销资源、销售资源、财务资源的方式，这条理念是客户发展方法不可或缺的一部分。

（三）客户发展方法与产品开发方法的区别

客户发展方法与产品开发方法的主要区别在于，客户发展方法的每个阶段都是带有递归箭头的圆环，也就是说每个阶段可以重复进行。与开发产品不同，寻找客户和市场具有不可预测性，需要反复尝试调整才能成功。经验表明，这些活动的特性决定了必须反复试错才能达到目标。与产品开发方法不同，客户发展方法认为每个阶段都要经过若干次重复才能完成。通过试错来积累经验是客户发展方法的核心思想。

二、客户探索流程

（一）天使客户：最贴心的客户

天使客户是指这样一类人：他们愿意试用产品或服务，因为你的创意能解决他们亟待解决的问题，同时他们也具有购买能力和推广热情。

（二）客户探索理念

客户探索理念是指创业公司应该放弃基于传统市场需求文档、企图广泛收集客户需求信息的做法，转而采取为小批量天使客户开发产品的做法。客户探索的目标是寻找天使客户，检验产品能否解决他们亟待解决的问题。与此同时，根据最初的创意开始开发产品，根据天使客户的反馈意见调整产品设计方案。

（三）客户探索流程

客户发展方法的四个阶段都可以划分为更小的步骤，但是与后三个阶段不同，客户探求有额外的第零步：动手之前，先要获得董事会与管理层的支持，才能获得正式的客户探索，客户探索流程如图 2－2 所示。

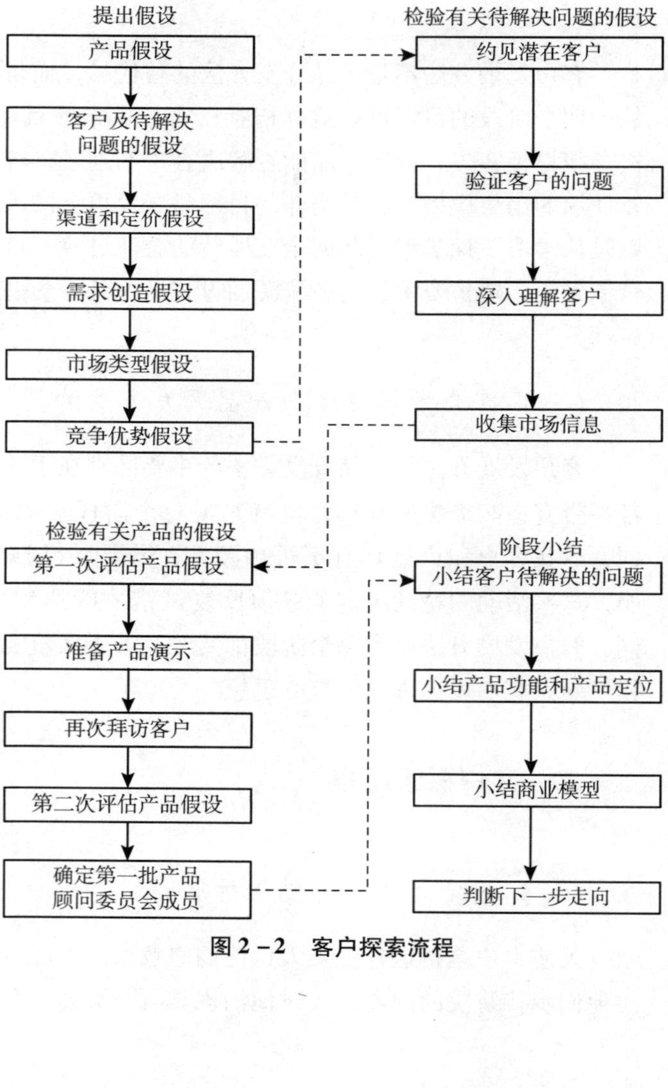

图 2－2　客户探索流程

第零步：争取支持。

第零步的目标是争取获得公司创始人、董事会的支持，包括对客户发展方法本身的支持，以及对公司使命和核心价值的支持。这一步客户发展方法与产品开发方法的区别如下：第一，与产品开发方法相比，客户发展方法是新的概念，并非所有的人都理解，也不是所有人都了解市场类型理论及其对决策的影响。在全面推广客户发展方法之前，有必要先向投资人、创始人、董事会普及基本知识，展示其优势，确保大家理解产品开发方法与客户发展方法的区别以及市场类型的重要性，达成一致意见，支持采用客户发展方法。第二，产品开发方法强调执行任务，而客户发展方法强调在失败中探求和学习。客户发展方法的每一步都要循环若干次才能完成，客户探索流程和客户检验流程都至少要重复两次以上，所以客户发展团队必事先与董事会沟通，让董事会了解客户发展方法的特性，相信花费这些时间是值得的。此外，客户发展团队还要花15%的工作时间外出与客户进行沟通。

写一份任务宣言，明确记录产品愿景和市场类型，简明扼要地点明创业的想法。还需要提出创业团队的核心价值主张，它体现的是公司的价值观和基本信念，能够经受时间的考验。

第一步：提出假设。

撰写备忘录，就产品创意、市场需求、客户状况、竞争格局、定价策略等提出假设，待稍后检验。

第二步：检验有关待解决问题的假设。

寻找潜在客户，倾听客户的意见，检验有关待解决问题的假设。目标是通过掌握客户的业务状况、工作流程、组织结构，理解客户需求和客户亟待解决的问题。然后汇总信息，反馈给产品开发团队，双方一起修正假设。

第三步：检验有关产品的假设。

请客户检验修改后的产品功能和产品定位。这一步的目标不是推销产品，而是确认产品可以解决的客户问题。

检验产品功能的同时，还要检验整个商业模型。首先，有效的商业模型要体现在你拥有一批高度认可产品的客户。其次，还要请潜在的客户检验定价策略、销售渠道、销售流程、销售周期。最后，还要留意究竟谁有权决定购买产品。企业客户与大众消费都存在这种情况。

第四步：阶段小结。

小结阶段性的工作成果，检查是否完成客户探索的目标？是否理解了客户亟待解决的问题？产品能否解决客户的问题？客户是否表示愿意购买产品？商业模型能否盈利？据此撰写待解决问题的备忘录、产品需求文档，更新商业计划。汇总收集到的信息，选择进入客户发展的第二阶段（客户检验），或者再开展一轮客户探索，进一步了解市场。

三、客户检验流程

（一）客户检验的理念

客户检验的目标是制定可行的销售图，而不是组建销售团队。在完成客户检验之前，对如何销售产品还知之甚少（最多是合理的假设），这时不能仓促组建销售团队，也不能盲目开展销售工作。

客户检验应该充分发挥天使客户的作用，让他们帮助创业者制订销售路线。客户检验重点不是向天使客户推销产品，而是请他们检验创业者的假设。制订销售路线绘制销售路线图，可以把销售路线图理解成销售策略和销售流程的总称。

（二）客户检验流程

和客户探索一样，客户检验分为四个步骤，如图 2－3 所示。

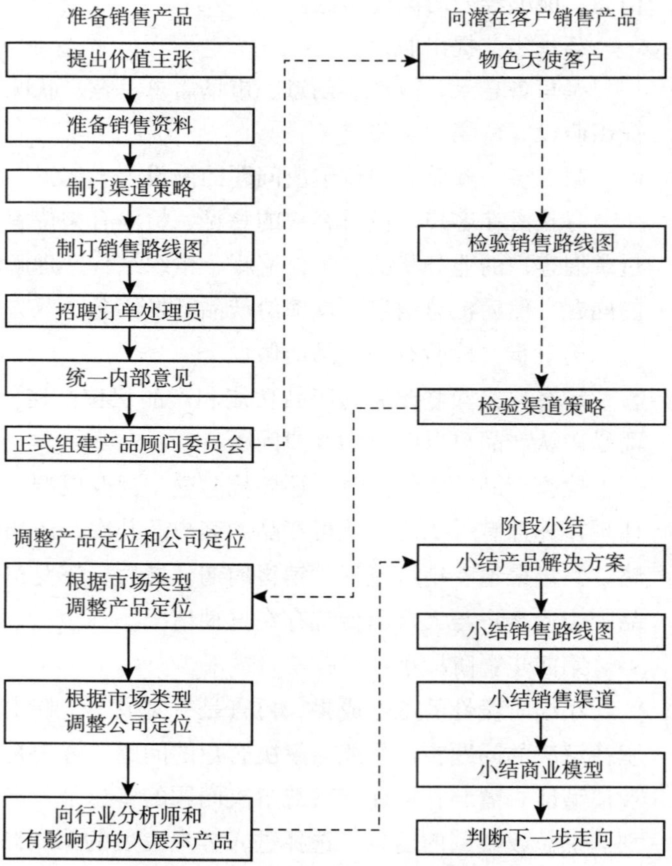

图 2－3　客户检验流程

第一步：准备销售产品。

为销售产品做准备。提出公司和产品的价值主张，准备销售路线，初步制订销售计划，设想销售渠道，起草销售路线图，确保产品开发团队和客户发展团队就以上内容达成一致意见，正式组建产品顾问委员会。

第二步：向潜在的客户销售产品。

带上深思熟虑的产品创意（或产品原型）去寻找天使客户，检验潜在客户愿不愿意购买产品。也就是说，要在没有专业销售人员协助的情况下，尝试向潜在客户销售尚不完善的产品。不要害怕失败，因为真实目的并不是销售产品，而是借此收集制订销售路线图所需的信息。

第三步：调整产品定位和公司定位。

寻找到合适的天使客户后进入第三步。先根据天使客户的意见，调整产品定位和公司定位，调整产品在市场中应占的位置。然后请行业分析师或权威人士评估调整结果。

第四步：阶段小结。

前三步的任务是检验销售路线图、销售渠道、产品定位、公司定位是否存在问题。第四步回顾、总结工作成果，判断是否再开展下一轮客户检验，还是进入客户培养阶段。小结包括：小结产品解决方案、小结销售路线图、小结销售渠道、小结商业模型。

四、客户培养流程

（一）客户培养理念

客户培养理念认为决策层应先消化现有的潜在客户，培养客户对公司的信任感；利用3～5年的时间逐步培养客户群。只有通过培养天使客户，借助口碑营销才能让公司站住脚跟。

（二）客户培养与市场推广

客户培养是指一系列帮助潜在客户认识产品，并引发购买行为的活动。许多创业公司误以为客户培养就是单纯的市场推广，下面就这两个概念作一下区分。

这两个概念有以下四点区别。第一，客户培养意味着客户不是现成的，需要引导；第二，客户培养关注具体客户，而不是仅仅着眼于宏观的市场活动；第三，它是创造性活动，不是机械地执行任务。第四，它与市场类型密切相关。

之所以强调这些区别是因为：传统的市场推广方式通常被成熟的大企业采用，前提是市场已经存在，它们推广是改良的后续产品。除非创业公司打算进军现有市场（生产市场上已有的产品），否则不能照搬这种经验。选择合适的客户培养策略，首先要回答两个问题：第一，面对的是哪种类型的市场？第二，定位是什么（谁是我们的客户，他们的需求是什么）？从某种意义上说，客户探索和客户检验的目标就是确定市场类型和市场定位；客户培养的目标则是利用前两步收集到的信息培养更多的客户。

（三）客户培养流程

与前两个阶段一样，客户培养也分为四步，如图 2－4 所示。

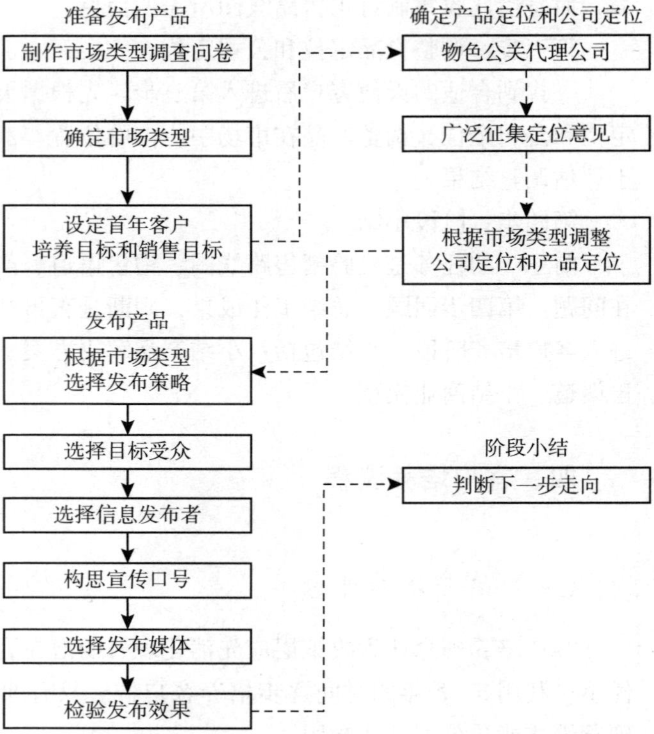

图 2－4　客户培养流程

第一步：准备发布产品。

为发布产品做准备，包括确定市场类型（它决定客户培养策略）和市场规模，设定首年客户培养目标和销售目标，制定客户培养预算。主要完成以下三项任务：第一，制作市场类型调查问题；第二，确定市场类型；第三，设定首年客户培养目标和销售目标。

第二步：确定产品定位和公司定位。

定位的基本原则不是刻意创造新奇或与众不同的东西，而是要确立品牌在客户心目中的位置。在客户探索和客户检验阶段，已经讨论过产品定位和公司定位的问题，甚至还制定了初步的价值主张，现阶段是要进一步根据客户、媒体、行业分析师的反馈意见修正定位。主要完成以下三项任务：第一，物色公关代理公司；第二，广泛征集定位意见；第三，根据市场类型调整公司定位和产品定位。

第三步：发布产品。

公司定位和产品定位确定后，即可着手准备宣布公司成立，并向公众发布产品。宣布公司成立的重点是宣布公司成立的目的，以及提供哪类产品；发布产品则侧重阐述消费者为什么应该购买产品。从定义上讲虽然这是两件事，但是通常是同时进行的。主要有以下几项任务：第一，根据市场类型选择发布策略；第二，选择目标受众；第三，选择信息发布者；第四，构思宣传口号；第五，选择发布媒体；第六，检验发布效果。

第四步：阶段小结。

客户培养的流程结束，可根据市场类型设定客户培养目标和销售目标，广泛征集定位意见，据此重新调整产品定位和公司定位；根据市场类型选择发布策略，并且构思宣传口号，确定目标受众、信息发布者和发布媒体，最后发布产品。

可以根据以下几个方面来检验效果：

(1) 客户是否接受公司的产品定位？

(2) 信息发布者是否愿意为产品代言？

(3) 一系列产品活动是否起到作用？

(4) 是否有客户主动来询问产品信息？

(5) 是否达到了预期的目标？

如果产品销量不断攀升，竞争对手开始模仿你的产品定位，那么可以进入客户发展方法最后一个阶段了。

五、组建公司流程

(一) 组建公司的理念

客户发展方法的前三步解决如何寻找潜在客户，如何请客户检验各种假设，如何向天使客户推销产品，如何创造、开拓市场的问题。接下来介绍客户发展方法的最后一步：从学习、探索型的组织向编制完整、反应快速的企业过渡。

当公司已经完成了客户发展方法的前三步，正处于争取主流客户、扩大经营规模的关键过渡时期。要顺利完成这种过渡，创业公司需要从以下三个方面做好准备：第一，准备从天使客户向主流客户过渡；第二，树立企业文化和建立职能部门；第三，提高职能部门的反应速度。

（二）组建公司流程概述

组建公司的流程分为四步，如图 2－5 所示。

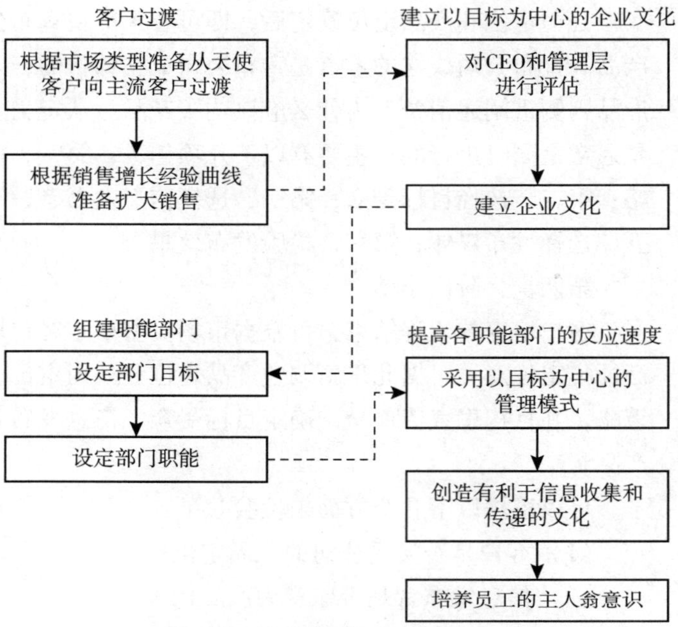

图 2－5 组建公司流程

第一步：客户过渡。

调整公司策略，根据市场类型准备从天使客户向主流客户过渡。客户发展是一个漫长的过程。公司已经有了天使客户，对产品进行了合理定位，现在需要进一步为产品创造需求，才能获得更宏大的主流客户群，成为市场的主导者。

要跨越天使客户和主流客户之间的鸿沟必须考虑市场类型的影响，市场类型决定了鸿沟的宽度以及跨越它所需的时间。针对全新市场、现有市场、细分市场，客户过渡的方法各有不同。

第二步：树立以目标为中心的企业文化。

组建公司是一个转型的过程，是从学习探索型的团队向编制完整的企业的转型，是天使客户向主流客户群的过渡。在转型的过程中，对管理者的能力要求更高，对管理团队的评价也是至关重要的，是由董事会亲自监督的。

因此，第二步应评估现行的管理模式并判断是否做好了扩充团队的准备。扩大公司规模的关键是公司要把更多的精力放到建立目标为中心的企业文化上。第二步主要有以下两项任务：第一，对 CEO 和管理层进行评估；第二，建立企业文化。

第三步：组建职能部门。

在客户发展方法的前三个阶段，客户发展团队已经完成了自己的使命。这一阶段，小规模客户发展团队无法胜任这项工作，所以这时候应组建正式的职能部门。因此，第三步的工作是按业务职能对客户发展团队进行拆分，以此为基础组建各职能部门。公司将根据选择的市场类型组建正式的销售部门、营销部门、业务发展部门。每个部门围绕企业目标设立部门目标。第三步主要有以下两项任务：第一，设定部门目标；第二，设定部门职能。

第四步：提高各职能部门的反应速度。

第四步是客户发展的尾声，公司应进一步提高各职能部门的快速反应能力。在扩大规模的同时保持敏捷性，可以考虑使用军事领域的 OODA 原则，以保证在应对市场变化时，比竞争对手做出更快的反应。这要求每个部门要及时获取最新的市场信息，并且迅速分享给其他部门。

第二节

精益创业——可以验证的创业认知

精益创业（lean startup）由硅谷创业家埃里克·莱斯 2012 年 8 月在其著作《精益创业》一书中首度提出。本节将回顾埃里克·莱斯的精益创业理论。由图 2－6 可见，“开发—测量—认知”的反馈循环是新创企业模式的核心内容，对于新创企业来说，将循环中的总时间缩到最短，获得经验证的认知，是精益创业的精髓。

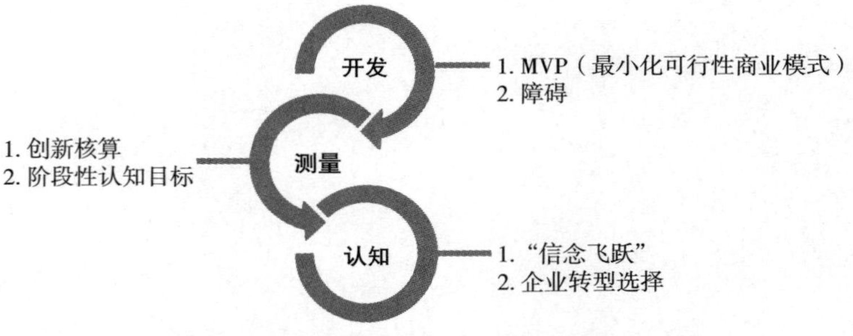

图 2－6 “开发—测量—认知”的反馈循环

一、开发（build）

一般来说，精益创业的过程就是通过最小化可行性产品，尽快进入开发的阶段，用于衡量产品在市场中的影响力。

（一）最小化可行性产品

1. 最小化可行性产品的特点

对于最小化可行性产品来说，它是一个完整的原型产品。这个原型产品并不一定是一个想象中的最小化可行性产品，但却是一个用最快的方式，最小的精力完成的“开发—测量—认知”的反馈循环。相对于传统的产品来说，最小化可行性产品并不是一个要经过反复测量和推敲，耗费长时间筹备而推进市场的一个完美的产品，而是为了开启学习认知流程而推出的一个以验证基本商业假设为目标的产品。

举一个简单的例子，在苹果手机第一代 iPhone，其实是一个不完美的产品，例如，没有剪切粘贴功能，没有控制中心，没有横向键盘，只能通过数据线与 PC 端链接，摄像头只有 200 万的像素，甚至不能录像。但仅仅是一台从今天来看“差劲”的产品，当时 4GB 版本售价 499 美金的手机（是当时同时期手机价格的 2 ~ 3 倍），却还是吸引了无数的“果粉”，验证了自己商业假设的正确方向。如今，iPhone 通过不断迭代更新，不断验证自己的新想法，奠定了苹果手机的市场地位。

在推出一个最小化可行性产品的时候，我们更注重的是这是一个完整的产品而不是完美的产品。一个完整的产品可以让我们了解整一个产品在各个方面的优势和缺点，如果产品并不完整，只是一个部分，即便是推进市场也很难得到整个产品的认知。按苹果手机的例子来说，我们不会一次次单独去验证手机中相机的像素是否能被认可，而是推出一个完整的手机产品，再不断使其在顾客中曝光、改善，使其变得完美。

2. 质量与设计的重要性

对于顾客来说，质量和设计是传统观念中顾客最为在意的功能特性。然而，对于最小化可行性产品来说，我们的观念却是尽快地投入市场，有助于创业者尽早地开启学习认知的过程。这个观点看似与传统观念有着本质上的冲突，然而并非如此。之所以要开发高质量的产品，学习六西格玛、质量管理、精益生产等观念，是因为我们确认顾客需要这种高质量的产品。然而，对于新产品、新的商业模式来说，我们仍然无法确认这是否是我们的目标客户真正需要的。在这个时期，盲目地追求质量和设计，是不理智的做法。一旦创业者向市场推出他们所认为的“精致完美”的产品，在顾客的眼前却是完全不需要的产品的时候，在推出市场前做出的所有步骤都将付之东流。此时前期的工作都白费了，对于新创企业来说，不仅打击了在前期投入的成本，更打击了创业者的自信心。埃里克·莱斯信奉一个原则：“如果我们不知道谁是顾客，我们也不知道什么是质量”。

进一步来说，即便是一个“不完美”的产品，对于新创企业来说，也是有意义的。如果产品一推入市场就得到了顾客的认可，这当然是好事，万一产品并不能得到市场的认可，我们仍可以从顾客的反馈中获得我们的“认知”。我们可以通过这个“不完美”去了解如何才是顾客认为的“完美”。让顾客也成为我们产品的引导者，看到我们的产品在不断向他们所需要的方向努力，会比一个原本就完美却不需要的产品效果好得多。

综上所述，我们可以了解到一个最小化可行性产品的功能就是为新创者提供一个学习认知的机会。当我们在开发早期产品的时候，应该放弃一切顾客所不在意的功能、流程和努力。在得到市场认可之后，再通过市场反馈给我们的认知不断完善产品，这就是我们所期待的事半功倍的效果。

（二）如何从最小化可行性产品延伸至最小化可行性商业模式

1. 商业模式的特点

我们的问题从验证一个最小化可行性产品转化为验证一个最小化可行性商业模式。商业模式描述了一个企业如何创造价值、传递价值和获取价值的基本原则。学者把这种描述和定义商业模式的方式用九个模块来展示，包括：客户细分、价值主张、渠道、客户关系、收入来源、核心资源、关键业务、重要合作、成本结构。这九个模块描述了一个完整的企业组织流程。

我们的视野从投向一个简单的产品转化为投向整一个商业画布，画布中的每一个模块都各司其职，促进整个商业模式顺利进行。商业画布的存在就是给创业者一个商业模式的验证模版，通过验证每个模块的可行性，进而验证整个商业模式的可行性。

通过商业画布，我们可以把我们的商业计划转化为商业流程，在每个流程中，我们对商业画布中的每一个流程进行补充和实际的检查，而不是只做计划。实际的检查才符合我们提到的推入市场去检验，通过检验，我们可以不断得到反馈，去设计和修改我们的每一个步骤。

2. 开发过程中的障碍

新的商业模式存在着风险，包括内在的风险和外部紧张激烈的市场环境。如果没有很好地了解新创公司的优势和劣势、机会和风险，一家公司的商业模式是很容易“流产”的。今天，数不清的新创公司正在涌现，每天都有新的商业模式被提出、被验证，被修改或直接被淘汰，只有非常少的一部分能够被验证成功并保留下来。这正是验证了新的商业模式在开发过程中存在的障碍。最常见的障碍分别是速度、心态和资金等问题。

一个新的商业模式的最直观的价值是因为它是一个全新的，是前所未有的。前人没有验证过这个商业模式，在新创公司被提出，被推入市场，再被检验，检验成功后成为一个有价值的商业模式，可以实施并裂变增长。如今，有许多的新创企业害怕自己的商业模式被竞争对手直接套用，甚至更快地被竞争对手执行抢先一步获得研究成果，但事实结果是，如果想要你的商业模式不被任何人所知，几乎是不可能的。所以，比对手更快一步推进市场，更快推进

“开发—测量—认知”的循环，更快获得新的认知并验证自己的想法是非常重要的。在这一步障碍中，唯一的方法就是做得更快，更迅速。

新创公司在刚刚起步的时候，所有人都是雄心壮志，相信自己从事的事业可以改变世界。但是，一开始推出的产品就被验证成功的概率是比较小的，因此，接受失败是非常重要的。最小化可行性产品在刚推出的时候，一定会遇到一些不可避免的差错。新创公司在遇到这种不同意见时不应士气减弱或直接放弃项目和希望，而应该把这些差错或顾客的不满作为一种机遇，改善产品，不断从顾客的声音中去获得商业模式的修正点和突破点。

每一个新创企业在刚开始创业的时候，即便是有创业基金，资金也不会很充裕。正因为如此，我们需要精益创业，只有精益创业，将商业模式或产品进一步推向市场，才能够避免做无用功，避免浪费更多的资源。

因此，在进一步开发商业模式之前，我们应该做好公司新的商业模式的内部和外部了解，例如，做一个 SWOT 分析，去了解新的商业模式在推进过程中可能遇到的机会和风险，利用自己的优势，规避自己的劣势去应对接下来的挑战。

二、测量（measure）

通过设计问卷，探访顾客和材料搜集的测量方法以及进行创新核算，获得阶段性认知目标，判断产品开发的阶段是否真正为企业带来了发展。

（一）创新核算

1. 创新核算的目的

要解决上一节中在开发新的商业模式中遇到的障碍，我们需要做的就是下定决心进行验证。这就是为什么我们要进行创新核算。创新核算是将商业模式从一个纸上模型开始，去测量企业当前实际的情况并转化为定量的财务模型。由此，我们可以衡量一个新创企业是否取得了进步，在推进和验证最小化可行性商业模式的时候做出的改变是否和我们追求的目标保持一致，最重要的是，我们是否能够从这些改变中获得我们真正的认知。这就是创新核算，一种能够了解和支持新创企业的核算方法。

2. 创新核算框架

创新核算的框架分为三个步骤：

第一步：了解新创企业目前的真实情况。

第二步：推入市场获得认知并使用认知。

第三步：通过认知决定企业是否转型。

在进行第一步的时候，我们可以借助一些工具去了解企业的真实情况，例如，SWOT 分析、PEST 分析或波特五力模型等。利用工具，我们可以从企业内部和外部（SWOT分析），从宏观环境（PEST分析），或从产业吸引力和企业竞争策略（波特五力模型）等方面，获取企业目前所处阶段的真实数据，通过这些数据，看清楚当前的情况，确定企业接下来的前进方向。

第二步的时候，我们需要先做两个步骤，一是确定基准线以及理想状态，二是调整引擎。例如，提出我们商业模式的几个假设，并将这些假设推入市场，观察顾客的反应，获得这些假设在市场中的反馈情况。在确定了基准线和反馈情况的时候，我们调整每个假设的因素。

第三步是根据第二步的结果做出决定。如果新创企业的商业模式在第二步中提出的假设不断地被成功地验证，那么企业可以持续有效率地发展下去，并向第二步中设定的理想状态不断靠拢，成就创业者的梦想。但是，一旦新创企业发现，他们做的假设让他们的商业模式离理想越来越远，他们的每一次推动都不能够取得进步，那么这就是一个明显的指标：你的商业模式应该转型了。

（二）“三可”指标 vs 虚荣指标

要了解创新核算中的成功与否，我们经常会建立一些指标去测量。但是，在这一步我们需要辨别我们所使用的指标是否是一个可执行、可使用、可审查的指标，这就是我们所说的“三可”指标。如果我们使用的是一种虚荣指标，那么，也许指标上的数据让我们觉得公司正在向理想的环境发展，认为公司提出的假设是经验证的成功假设，并决定公司不断向这个方面发展。我们其实无法分辨我们的创新核算是否有效，也无从谈起之后的实效发展了。

虚荣指标虽然展现了最美好的景象，却是没有产生实际收益的指标。为了防止这种指标，我们应当去了解，怎样才是我们可以使用的“三可”指标。

1. 可执行

要判断一个商业模式是否可执行，我们必须了解清楚这个商业模式的假设和结果的因果关系。如果是虚荣指标，将无法给出答案。关于虚荣指标，我们可以提问自己一个问题，是否在报表中，数字上升的时候，我们就认为自己的努力获得了回报？

2. 可使用

可使用指标是要求指标的表现形式要简单清晰易懂。例如，一个医生在检查了病人的身体情况之后，会由体检部打印出一张数据清单，而普通病人是很难根据清单上的数据了解自己的身体情况，但医生却能够清晰地说出。如果在企业内部，每一项公司的改变显示的指标只有老板看得懂，而员工无一人能了解，那将是一件可怕的事情。所以，对付这种报告的方法就是，让指标成为可使用的指标，例如，把报表做得尽量简单，让新创企业中的每一个员工都能够了解每一步的进展是否能让大家都看到企业的进步。

3. 可审查

最后一个可以衡量的指标是可审查指标。我们必须确保每一个显示的指标对于员工来说都是可信的而不是虚荣指标。我们可以在获得指标之后亲自做测试，抽查部分数据去核实是否真实，在产生指标的过程中是否有虚假做表的情况。得出一个经过审查的、正确的、清晰的指标。

三、认知（learn）

提出“信念飞跃”的假设，验证假设并得出可执行指标以分析顾客行为，支持创新核算。

（一）“信念飞跃”

“信念飞跃”是埃里克·莱斯在《精益创业》中提出的一种说法，这种说法按字面理解即为提出一个飞跃式的假设。例如，在马车时代，人们也许不是需要一匹更快的马，而是需要一个更快的代步工具，于是发明了汽车。这就是“信念飞跃”。

（二）提出假设

在以上的描述中，我们多次提及了要提出假设并验证假设。如何提出一个假设？假设不是盲目提出的，提出假设就是确认“信念飞跃”的真实性，我们的潜在目标顾客是否有这样的一个问题等待我们去解决。为了确认“信念飞跃”的真实性，我们需要走出我们的办公室，把目光投向我们需要验证想法的最终目标：我们的潜在目标顾客。我们可以通过电话，也可以通过发放问卷，更可以通过调查身边的亲朋好友来了解。但是，这种了解并不是提问他们需要什么，而是让他们来回答一个“信念飞跃”的问题。例如，我们开头说到的例子，我们不可以问在马车时代你出行需要什么，因为普通顾客是不知道也不精通我们的产品和商业模式的，我们可以提问，你觉得有一辆汽车怎么样？那么我们就可以了解，选择汽车是否能让他们更满意？结果事实的确如此，那么我们就可以寻找如何制作汽车的解决方案了。

（三）验证假设

每个商业模式都是从假设开始的，但是假设终究是假设，不是现实。所以新创企业需要做的就是尽快地将假设投入市场去验证。验证假设就是这个问题是否按照我们的假设去解决或这个问题按照我们的假设去解决是否能够得到我们顾客的认可。我们还是用选择马车还是汽车的例子，当我们设计出一辆汽车的时候，迅速地推入市场，让目标客户群去使用，确认这是否是他们喜欢的代步工具。例如，如果汽车的体积太大，无法让他们如马车一般在狭窄的小道中疾驰，或者汽车虽然比马车快，但是价格昂贵，顾客无法承担，那么我们的假设就是失败的。我们就应当将我们的产品调整为更小型的汽车或用更便宜的成本材料去制造汽车。

（四）企业转型选择

失败是认知的先决条件。当通过创新核算，新创企业发现自己的商业模式在验证之后离理想越来越远的时候，企业决定要转型。转型即是有条理的方向性改变。“坚持就是胜利”这句话不适用于科学的方法论，错误的坚持是对潜在创新的最大威胁。

转型需要勇气，所幸的是，在精益创业中，新创企业可以通过创新核算，加速每次的转型。也就是说，新创企业要用更小成本、更快的时间去完成新一次的“开发—测量—学习”循环。

当发现我们的商业模式在“信念飞跃”后停滞不前，开发过程中的成效远远低于预期、效率低下等征兆，我们就要考虑企业转型。

（五）如何面对转型失败

当公司错误判断了转型标准之后，我们有可能面对转型失败，但是，转型失败不等于新创企业的完全失败。当我们遭遇转型失败，即转型后企业的情况并没有得到好转，甚至每况愈下的时候，我们应当做出改变来应对，那就是“再次创业”！

“再次创业”并不是否定之前所做的所有工作，而是回归原点。例如，重新启动创新核算流程：

第一步：了解新创企业目前的真实情况。

第二步：推入市场获得认知并使用认知。

第三步：通过认知决定企业是否转型。

利用创新核算章节所说的情况，重新了解企业情况，推入市场，并判断和认知。此时，我们重新认识自己，并且我们已经非常熟悉如何调整，如何优化和如何验证我们的想法。我们可以通过之前的经验，通过确定我们新的转型形式，不断比对我们旧的商业模式和转型后的商业模式，进行重新“开发—测量—认知”循环。由此可见，判断企业所需的转型形式是非常重要的。

（六）正确判断转型形式

转型拥有许多种形式，选择不同的转型形式会带来不同的效果。在埃里克·莱斯的精益创业理论中，归纳出放大转型、缩小转型、客户细分市场转型、客户需求转型、平台转型、商业架构转型、价值获取转型、增长引擎转型、渠道转型和技术转型等十种转型形式。

转型是精益创业的核心，是一种特殊的改变，但是不等同于“改变”，确切表述是一种基础假设，用于测试产品、商业模式和增长引擎的新的基础假设，转型的形式如表 2 – 1 所示。

表 2 – 1　　转型形式

类别	描述	关键词
放大转型	产品单独的一个功能变成产品的全部	重塑产品
缩小转型	当单独的一个功能不能支撑这个产品时，就把原来的产品合并到另一个大型产品中，作为它的一项单独功能	重塑产品
客户细分市场转型	产品确实可以解决客户问题，但并不是公司之前的预期客户群	更换目标客户群
客户需求转型	随着对客户的深入了解，公司之前想要解决的问题对客户来说并不那么重要，反而发现了其他重要的问题，而恰好团队可以解决	重新定位产品
平台转型	从应用产品转为平台产品，或者从平台产品转为应用产品，有些公司必须经历多次这种转型	应用产品和平台产品的转换
商业架构转型	主要有两种商业架构：高利润低产量，或低利润高产量。前者通常发生在企业对企业之间，或者与销售流程有关，后者主要与消费类产品有关	更换商业架构
价值获取转型	获取价值是产品前提假设的固有部分，它的转变会对企业的其他业务造成深远影响	更换获取价值的方式
增长引擎转型	带动新创企业成长的增长引擎主要有 3 种：病毒式、黏着式和付费式。公司为了寻求更大的利润增长而改变增长战略，该转型通常会引起价值获取转型	更换增长战略
渠道转型	通常情况下，对渠道的要求决定了价格、功能特性和产品的竞争格局，通过渠道转型，可以解决产品销售的问题，并提高效率	更换销售渠道
技术转型	运用新的技术来解决问题，是一种用来吸引并保留客户群的可持续创新，是一种递增式的改进，适用于成熟企业	更换性价比更高的技术

第三章

商业模式

商业模式从本质上来讲是描述利益相关者的交易结构，是拥有资源能力的一群利益主体组成的一个交易结构。在这个交易结构中，各个利益主体将各自的资源能力贡献出来，以创造比不参与交易结构更高的价值。每个利益主体均获得一定的收益，该收益应该不低于其不参与交易结构的机会成本。

对于商业模式设计而言，不仅仅是分配价值，更重要的是创造价值。近年来创新的商业模式在规模和速度上对当今行业格局的改变是前所未有的。现在是企业家、高管、顾问和学者了解这个非同寻常的演变所产生的影响的时候了，也是他们该理解和系统地解决商业模式创新所面临挑战的时候了。

但是我们该如何系统地发明、设计和实现这些强大全新的商业模式呢？我们又该如何质疑、挑战和转换那些陈旧过时的商业模式呢？

第一节 ● ● ●

发现商业模式

一、商业模式的内涵

近年来，随着互联网的迅猛发展，商业模式愈发成为创业者要考虑的迫在眉睫的问题。管理大师彼得·德鲁克说过："企业间的竞争，不是产品之间的竞争，而是商业模式之间的竞争。"创业者要想在激烈的市场竞争环境中不被模仿不被超越，进行商业模式创新是永恒的重点。

对于商业模式的内涵，不同的学者从不同角度进行研究，比较有代表性的有以下几个：

（1）商业模式就是企业赚钱的方式（Colvin，2001）。

（2）商业模式就是清楚说明一个公司如何通过价值链定位赚钱（Rappa，2002）。

（3）商业模式就是在一个公司的消费者、联盟、供应商之间识别产品流、信息流、货币流，确定参与者的角色和关系定位（Weil and Vital，2002）。

（4）商业模式是公司利用互联网在长期内获利的方法，它是一个系统，包括各组成部分，连接环节以及动力机制（Afuah，2003）。

（5）理查德和艾伦（2006）认为，商业模式有战略、营运、经济三个层面，对于商业模式的把握需要问六个问题：怎样创造价值；为谁创造价值；竞争力和优势来源；与竞争对手的差异；怎样赚钱；时间、空间和规模目标。

综上可以看出，在不同学者的定义中，都侧重强调了赚钱的重要性，也就是将商业模式等同于盈利模式，这是狭义层面的理解。从广义层面来看，商业模式还包括利益相关者的交易结构。也就是说，商业模式为企业的各种利益相关者，包括外部利益相关者和内部利益相关者（如供应商、顾客、其他合作伙伴、企业内的部门和员工等），提供一个将各方交易活动相互联结的纽带。商业模式描述了企业如何创造价值、传递价值和获取价值的基本原理。

二、商业模式体系的构成

从利益相关者角度出发，创新商业模式要思考三个问题：who，what，how。第一，who，谁是你的利益相关者；第二，what，哪些价值可以在这些利益相关者之间进行交换；第三，how，如何设计让利益相关者实现共赢的交易结构。

围绕这三个问题可以得出，完整的商业模式体系包括定位、业务系统、关键资源能力、盈利模式、自由现金流结构和企业价值六个方面。

（一）定位

明确自身定位是企业制胜的关键，业务定位、客户定位、产品定位三者缺一不可。通过业务定位，厘清目标客户、合作伙伴和市场竞争者，分析企业已有的和欠缺的资源和能力；通过客户定位，识别和确定企业必须服务于哪个地理区域和客户细分；通过产品定位，明确企业应该向目标客户提供哪些特色产品和服务。

（二）业务系统

企业定位的实现需要相应的运行机制，运行机制包括业务系统、关键资源能力、盈利模式和现金流结构。在这些组成要素中，核心要素是业务系统，商业模式的差异往往表现在业务系统的差异上。业务系统反映的是企业与其内外各种利益相关者之间的交易关系，一个业务系统的构建首先需要确定的就是企业与其利益相关者各自分别应该占据、从事价值网中的哪些业务活动。这也是从全局角度出发，考虑如何基于企业自身与利益相关者之间的关系，实现各利益相关者共赢。

（三）关键资源能力

所谓关键资源能力，是指为了让企业的业务系统顺利运行所需要的资源和能力。获取这些资源能力是企业工作的重点，因为这些资源和能力能够使企业构思和设计好的战略得以实施，从而提高企业效果和效率。

1. 企业资源

企业资源主要包括：

（1）金融资源。来自各利益相关者的货币资源或可交换为货币的资源。

（2）实物资源。包括实物技术、厂房设备、地理位置等。

（3）人力资源。企业中的训练、经验、判断能力、智力、关系以及管理人员和员工的洞察力、专业技能和知识、交流和相互影响的能力、动机等。

（4）信息。丰富的相关产品信息、系统和软件、专业知识、深厚的市场渠道，通过此渠道可以获取有价值的需求供应信息等。

（5）无形资源。技术、商誉、文化、品牌、知识产权、专利。

（6）客户关系。客户中的威信、客户接触面和基础途径、能与客户互动、参与客户需求的产生、忠实的用户群。

（7）公司网络。公司拥有的广泛的关系网络。

（8）战略不动产。相对于后来者或位置靠后些的竞争者来说，战略不动产能够使公司进入新市场时获得成本优势，以便更快地增长。

2. 企业能力

企业能力是指企业协作和利用其他资源能力的内部特性，主要包括：

（1）组织能力。承担特定业务活动的能力。

（2）物资能力。原材料供应、零部件制造、部件组装和测试、产品制造、仓储、分销、配送等能力。

（3）交易能力。订单处理、发货管理、流程控制、库存管理、预测、投诉处理、采购管理、付款处理、收款管理等。

（4）知识能力。包括产品设计和开发能力、品牌建设和管理能力、顾客需求引导能力、市场信息的获取和处理能力等。

以上各种资源和能力在企业运行过程中并不是均等的，不同的商业模式能够顺利运行所需要的资源和能力各不相同。关键资源和能力的确定要依据其他要素确定。

（四）盈利模式

盈利模式也就是如前所述的狭义商业模式，是指企业的利润来源及方式。企业利润来源、企业成本与费用的分摊、企业收入结构与成本结构等的不同，决定了企业的盈利模式也不尽相同。

用横轴表示收入来源，纵轴表示成本支付。收入来源于直接顾客、直接顾客和第三方顾客及第三方顾客；成本支付来源于企业、企业和第三方伙伴、第三方伙伴以及零可变成本。如图 3 – 1 所示，共 12 个区域。

从图 3 – 1 可以看出，盈利来源可以不是直接客户或者主营业务，而是第三方或其他利益相关者。成本和费用也不一定是企业自己承担，可以转移给其他利益相关者。

图 3－1　盈利模式结构

（五）自由现金流结构

自由现金流结构是企业经营过程中产生的现金收入扣除现金投资后的状况，其贴现值反映了采用该商业模式的企业的投资价值。不同的现金流结构反映了企业在定位、业务系统、关键资源能力以及盈利模式等方面的差异，体现了企业商业模式的不同特征，并影响企业成长速度的快慢，决定企业投资价值的高低、企业投资价值递增速度以及受资本市场青睐程度。

（六）企业价值

企业价值即企业的投资价值，是企业预期未来可以产生的自由现金流的贴现值。如果说定位是商业模式的起点，那么企业的投资价值就是商业模式的归宿，是评判商业模式优劣的标准。企业的投资价值由其成长空间、成长能力、成长效率和成长速度决定。好的商业模式可以做到事半功倍，即投入产出效率高、效果好，包括投资少、运营成本低、收入的持续成长能力强。

三、商业模式与相关概念的比较

（一）商业模式与战略管理的联系

1. 商业模式与战略管理具有相同的本质

有学者（Elliot，2002；Magretta，2002；Chesbrough，2019）认为，商业模式与战略管理导向不同。商业模式是以价值创造为导向，战略管理以建立竞争优势为导向。也有学者（Morris，Schindehutte and Allen，2003）认为，从经济层面到运营层面再到战略层面，定义的综合性是递进的。从商业模式概念的递进过程可见，这两种导向是相互依存不可分割的。

价值创造导向是基于经济层面和运营层面的定义而产生的对商业模式的定位，其中经济层面描述的是对企业价值的创造（包括成本控制和收入来源），运营层面描述的是对顾客价值的创造。这两个层面的定义未强调所创造的价值必须具有独特性、不可模仿性、不可替代性，由于缺乏这三个特点的价值是不可持续的，这样的商业模式无法持久（Mansfield and Fourie，2003），是不值得研究的，所以商业模式的概念进一步发展，出现了战略管理层面的商业模式定义，即商业模式是符合以上三个特点的机制创造逻辑，能为企业建立竞争优势。

战略管理层面的商业模式本质，是对能够获得竞争优势的价值创造活动的描述。尽管曼斯菲尔和福瑞（Mansfiel and Fourie）后来又提出了整合性定义，但其与战略管理层定义实质是相同的，只是在内容描述上显得更饱满些。

由以上分析可知，商业模式和战略管理的本质是相同的，从价值活动实施前的角度定义，它们都是对能够获得竞争优势的价值创造活动的规划或设计；从实施后的角度定义，它们就成了对未来竞争优势的价值评估。

2. 商业模式和战略管理在内容上高度一致

商业模式是对战略管理的描述，二者在内容上存在很大的一致性，莫里斯、斯钦德哈特和艾伦（Morris，Schindehutte and Allen，2003）经过对 19 个文献中提到的商业模式构成要素的汇总分析，认为能够获得竞争优势的商业模式，包含三个方面的八个要素：价值定位（产品或服务内容、目标顾客、基本市场竞争战略）；价值创造和传递系统（资源和能力、价值创造过程、价值链中的定位）；价值获取（收入来源、企业经济）。可以看出，商业模式的构成要素与战略管理内容一一对应且高度一致。

（二）商业模式与战略管理的区别

商业模式与战略管理的区别主要在于二者的理论侧重点不同：

1. 商业模式理论与战略管理理论研究侧重点不同

由于新技术（如互联网）、新观念（如价值网络）的不断涌现，企业在制定战略管理措施体系时可以有更多选择，于是很多别具特色的（职能）战略管理措施体系出现了。这引起了人们对战略管理措施体系及其所呈现的商业模式的研究兴趣，商业模式理论的主要研究对象或侧重点就是这些别具特色的战略管理措施体系。

商业模式理论从战略管理制定的结果处开始研究，着重于对特定（属于某个企业的）战略管理措施体系的分析，归纳出其包含的各种内在逻辑，特别是价值创造逻辑，不同的逻辑呈现出不同的商业模式。商业模式所包含的逻辑关系对企业构建具体的战略管理措施具有很好的指导作用，这是战略管理理论所欠缺的。战略管理理论从战略管理制定的源头开始研究，主要研究战略管理制定方法及形成过程，缺少对具体战略管理措施的研究。

因为战略管理理论缺少对具体战略管理措施体系内在逻辑的研究，人们并没意识到运营逻辑和经济逻辑是战略管理措施体系本身所包含或应该包含的，所以往往认为商业模式和战略管理是两回事。

2. 商业模式和战略管理在概念表述上不同

由于理论研究的侧重点不同，造成它们在概念表述上的不同。商业模式从战略管理措施层面着手研究，所以在概念表述上，除了战略管理方向，还包含从战略管理措施体系中得到的经济、运营逻辑，这与战略管理的概念表述区别很大。特别是经济层面或运营层面的商业模式定义，不包含战略管理方向，难以明确体现其战略管理意图。

3. 具有对方不具备的特点

首先，商业模式理论拥有战略管理理论所不具备的特点。由于难以归类，商业模式常常通过案例来描述，如国美模式、京东模式等，这种对具体企业的商业模式提炼更易于让受众接受和产生兴趣。案例研究可以指导企业借鉴这些具体的模式来构建自己的战略管理措施。当我们描述一个案例的商业模式时，似乎偏重于讲故事，所以我们需要一种用来描述商业模式、可视化商业模式、评估商业模式以及改变商业模式的通用语言。这就是商业模式画布理论。另外，由于商业模式的直观性，基于对商业模式的分析和创新可以更好地寻找企业核心竞争力来源。

其次，战略管理理论的很多重要内容是商业模式理论所不具备的。如波士顿矩阵、SWOT 分析等分析工具，并未出现在商业模式理论中，另外，很多战略管理学派的重要战略理论或观点也是商业模式理论所未涉足的。

由于以上区别，战略管理制定过程中，应将商业模式理论与战略管理理论相结合。理论侧重点的不同，并不影响商业模式与战略管理在内容上的一致，只是内容的形成方法不同而已。

第二节 ● ● ●

商业模式的经济解释

如前所述，商业模式是指利益相关者的交易结构。此处我们尝试对商业模式进行经济解释，即要分析哪些利益相关者应该被设计进来，应采取什么样的交易结构。

一、商业模式的形成过程

创业者创新某种商业模式，要引入利益相关者，并随之改变交易结构。这样做的结果一方面可能引起商业模式所创造的价值增加，另一方面可能造成整个商业模式的交易成本增加。为了降低创新商业模式的成本，会采取某些措施，这些措施又可能会带来新的交易风险，为了降低交易风险，可能又要引入新的利益相关者，而这也有可能带来新的交易结构的变革。如此循环往复、不断调整，最终形成一个新的稳定的商业模式。然而，这种先发优势并不是恒久不变的，一个新的稳定的商业模式往往会面临追随者的模仿和挑战，为了在市场竞争中获得竞争优势，创业者需要创新其他的商业模式，为自己营造有利的商业生态环境。

二、利益相关者的交易结构分析

商业模式从本质上来说，是利益相关者的交易结构。这里的利益相关者，既包括内部相关者，也包括外部相关者。利益相关者具备独立的利益诉求，有相对独立的资源和利益的输入输出。独立是一个重要的衡量标尺，因此，传统意义上的供应商、渠道、顾客等，都可以看成利益相关者，某个内部的部门，也可以看成利益相关者。利益相关者的交易结构分析可以从商业模式体系构成要素入手，包括业务系统、定位、盈利模式、关键资源能力、现金流结构和企业价值。每一个要素都反映了交易结构的一个侧面，也都有交易价值、交易成本和交易风险的考量。交易价值、交易成本和交易风险的全部信息，正是交易结构的灵魂。

三、商业模式优劣的评判标准

在商业模式“创新—被模仿—再创新”的过程中，我们用到了三个评判标准：交易价值、交易成本和交易风险。商业模式体系构成的六大要素之间存在内在的逻辑结构，且每一个要素都与交易价值、交易成本和交易风险有关，各个要素组成整体，又揭示了整个交易结构的交易价值、交易成本和交易风险。每个要素都揭示着整体，影响着整体，包含着整体的全部信息，而整体又指导和牵引着每一个要素。

与交易价值、交易成本和交易风险的绝对值相比，它们的相对值更为重要。因为，对于大多数创业企业来说，是要在这些模式中做出比较并且最终选择，哪个模式的交易价值更高、交易成本更低、交易风险更小，相比其他模式到底好在哪些方面。

好的商业模式的标准是：高价值创造，低价值耗散。

所谓价值创造，指的是与传统商业模式所处的商业生态相比，市场空间（包括客户和产品）极度扩大了。设计新商业模式的价值是获得一个新的增量市场空间（可以是定性的增加，例如，增加了某种新的价值；也可以是定量的增长，例如，把某种价值极大地扩大了）。反映在商业模式效率上，高价值创造意味着高交易价值。

所谓价值耗散，指的是在一个既定的市场空间里面，一部分的价值并没有分配给焦点企业及其利益相关者或者同类模式的商业生态参与者。换言之，市场空间通过一种无序的方式分配，最终参与的各利益相关者所获得的回报总和，不在同一数量级。高耗散意味着利益相关者所创造的价值有很大一部分耗散在交易成本上面，反映在商业模式效率上，高价值耗散意味着高交易成本。

因此，按照价值创造和价值耗散的高低，可以把商业模式分为四大类：高创造，高耗散；高创造，低耗散（好的商业模式）；低创造，高耗散；低创造，低耗散。具体如表 3－1 所示。

表 3-1 商业模式优劣分类

		价值耗散	
		高	低
价值创造	高	高创造，高耗散	高创造，低耗散（好的商业模式）
	低	低创造，高耗散	低创造，低耗散

需要说明一点，由于商业模式对企业价值起到一个乘数作用，因此，绝对的价值创造和价值耗散高低是没有意义的，只有两者相对而言的高低才具有指导意义。

第三节

商业模式的融资选择

对于企业而言，特别是处于初创期的企业而言，好的商业模式是企业成功的基础。它为企业运作提供了宏伟的蓝图，但将蓝图变为现实则需要资本的支持。面对众多的融资渠道，不同商业模式的企业需要选择最适合自己的融资方式，才能够实现创意与资本的完美结合，进而获取巨大的经济效益。

一、融资方式概述

创业者的初始资金主要来源于个人资金或家庭资金及向亲朋好友的借款，但通常这部分资金能够解决的问题是非常有限的，随着企业的成立与发展，大量的资金需求无法再通过这两种渠道得到满足。企业需要以其他方式获取资金，主要的融资方式有以下三种。

（一）传统融资方式

主要包括股权性融资、债权性融资、政府基金、企业保留盈余四类。

1. 股权性融资

股权性融资是一种直接融资的方式，由股东将资本投入到企业，股东以其投入企业的资本份额享有企业的所有权。股权在不同的财产组织形式上会有不同的表现形式：在股份有限公司，股权也被称为股份，是按股份有限公司的全部资本等额划分的，每一股份都是等额的，其实物表现形式即为股票；在有限责任公司，股权也被称为出资额，其实物表现形式是出资证明书，每位股东的出资额可以不等；在合伙企业，股权也被称为出资份额，其实物表现形式是出资证明书，每位合伙人的出资份额可以不等，与股份有限公司、有限责任公司的股东对企业债务以出资数额承担有限责任不同，合伙企业的合伙人对企业的债务承担无限连带责任。

2. 债权性融资

债权性融资是一种间接性融资方式，由企业向金融机构贷款和发行企业债券的方式获得资金。与股权性融资获得的资金即为企业无须支付利息的自有资本不同，债权性融资需要企业在规定的期限内向债权人还本付息。通过债权性融资获得的资金并非真正属于企业所有，企业只是通过以支付利息的方式在一定期间内获得资金的使用权。利息的支付是债权性融资的主要成本。

3. 政府基金

政府为了支持中小企业、特定行业的企业发展，会通过设立特定目的的基金，作为对特殊企业的资助。此类政府基金具有低息（免息）、偿还期限长，甚至无须偿还的特点，但要获得此类政府基金的资金支持必须符合一定的政策条件。

4. 企业保留盈余

企业保留盈余是企业通过内部融资获得资金的重要方式，但具有一定的局限性，其仅适用于已经成立并具有盈利能力的企业。处于创业初期的企业，由于尚不能获得稳定的收益，且支出远大于收入而不具备保留盈余的条件，因此，初创企业无法通过该种方式获得资金。

（二）通过风险投资融资

风险投资，简而言之是指通过投资高风险项目获得高额回报的行为，主要有天使投资、创业投资两种方式。

1. 天使投资

天使投资（angel capital），是指由个人投资者或非正式风险投资机构对原创项目或小型初创企业进行的一次性前期投资，具有非组织化的特点。天使投资的资金主要来源于民间资本而非专业的风险投资商，具有“投向高科技、面临高风险、要求高回报”的“三高”特点，天使投资者一般不参与所投企业的经营管理。

2. 创业投资

创业投资，也称为狭义的风险投资（venture capital），是由专门的投资机构向具有巨大发展潜力和高风险的中小高科技企业或高成长企业提供权益性资本，并辅之以管理，追求最大限度的资本增值利得的投资行为。

（三）通过战略投资融资

战略投资者（strategic investor）通常是和被投资公司处于同一或相近行业的企业，在向融资企业以权益方式提供资金的同时，还会在技术、管理、客户、供应商等方面向融资企业提供支持与直接帮助。战略投资者的此种投资模式，源于其投资目的的多元性，对融资企业的投资不仅是为了获得经济回报，往往还抱有通过融资企业开拓新渠道、开发新市场，整合产业链资源的目的。

二、商业模式与融资方式的关系

首先，对于作为利益相关者交易结构的商业模式而言，其需要解决的主要问题是如何用较低的交易成本处理好与交易结构中不同利益主体之间的关系（主要是利益分配关系），尽管主流的商业模式交易结构中，并未将投资者纳入交易结构主体中，但这并不意味着投资者被排除在商业模式的运作之外。与之相反，现代社会，无论是初创企业还是已成熟的企业都有着不同程度的融资需求。传统的商业银行无法满足种类众多的融资者的多样融资需求，在此背景下，不同融资方式中的资金提供者必将成为与融资企业联系紧密的相关利益主体。

其次，从资本的逐利性来看，无论是金融机构用于放贷的资金还是大量闲置的民间资本都希望能够通过好的投资项目获得高额的资本回报，而良好的商业模式则是一个企业成功的基础。因此，任何一种类型的投资者，在对投资项目进行筛选的过程中都会特别注意融资者的商业模式。商业模式在一定程度上决定了投融资者合作的可能性以及双方合作的方式。

三、选择融资模式需考虑的因素

面对多种多样的融资模式，企业应如何选择？外部资金的注入是否越多越好？股权性融资与债权性融资哪个更具优势？对于企业在融资方式选择中遇到的诸多问题，虽然没有统一的标准答案，但企业可以综合以下几个因素，并结合自身的情况做出正确的选择。

1. 企业所处的行业

不同行业的企业因其现金流结构不同，对资金的需求量也会有所不同。制造业固定投资比例较大，需要一次性投入较多资金；高科技行业，特别是研发型企业，前期的研发费用较高且需要保持较高的研发投入比例，在企业尚未取得自有盈余能力的阶段需要大量持续的资金投入。因此，企业首先需要根据自己所处行业的特点，从整体出发，考虑资金的总需求量。

2. 企业所处的成长周期

根据企业成长周期理论，每个企业的成长都会经历四个阶段：种子期、创业期、扩张期和成熟期。企业所处周期不同，对资金的需求及融资方式亦有所不同。

种子期的企业处于产品研发、商业模式的形成期。在这一阶段，企业需要验证其商业模式的可行性及经济合理性，进行探索性的商业活动；企业尚不具有盈利及自留盈余的能力，因此，该阶段企业的资金需求尽管不是很大，但完全需要依靠外源提供，且对投资者而言，投资种子期的企业将面临较高的不确定性，风险较高。天使投资者是该阶段的主要投资者。

企业进入创业期，意味着产品创意、商业模式的建构已经完成并得到了初步的验证可以开始实际运营。这一时期，企业需要大量资金用于固定资产、营销网络基础设施的投入。与此同时，由于该阶段企业尚未形成可供银行审计的经营记录，将很难从银行获得贷款。因此，该阶段的企业需要考虑通过风险投资的方式获得需要的资金。

企业发展到第三阶段，即扩张期。顾名思义，进入该阶段的企业已经具备了一定的经营业绩及盈利能力，为了进一步扩大市场，其资金需求量亦会迅速增加，但该阶段的企业尚未达到上市的标准，因此，其融资方式可以考虑通过提供担保或保证式的债权性融资或引入可以为企业提供管理服务的机构风险投资者。

企业成长的最后一个阶段即为成熟期。处于该阶段的企业，除非经营不善，否则，都已具备了稳定的盈利能力及良好的经营业绩，且企业需要的资金能够主要通过内源供给获得，即企业能够通过自有资金盈余满足企业的资金需求。虽然这一时期的企业需要通过外源性的资金供给，但由于其已经具有稳定经营记录和持续的经营时间，这使得其能够通过较低的成本以债权性融资的方式获得商业贷款，而不必以出让部分所有权的股权性融资方式获得资金，进而避免了他人对企业经营管理的干涉与累积红利的分享。但若该阶段的企业希望上市，则其需要为了美化财务报表，提高知名度而引进一定数量的资金。这部分引入的资金也主要是由不以获得企业最终经营管理权的风险投资者提供，其将在企业上市之后，通过出售融资企业股票的方式退出该企业，而不影响融资企业对自身管理权的行使。

3. 企业的融资成本

企业的融资成本取决于企业为获取资金所要付出的代价。由于风险投资与战略性投资都是以权益（即投资者出资入股）的形式对融资企业进行的投资，就其本质而言，仍属股权性融资。因此，企业融资的方式可以分为股权性融资和债权性融资两大类。这两类融资方式的成本分别为：股权性融资——企业所有权、管理权及收益分享权的让渡；债权性融资——以利息为表现形式的资金成本的支出。企业应当在考虑所处行业、成长周期及商业模式的基础上，结合自身能够付出的融资成本选择具体的融资方式。债权性融资能够保证企业的所有权、管理权、收益分享权的完整性，但该种方式会加重企业未来的资金成本，会在企业资金流动性匮乏的时候加重企业负担。股权性融资虽减轻了企业未来的资金成本，但该种方式意味着企业原始股东部分权利的让渡与分享，特别是企业的经营管理权会因引入风险投资者或战略投资者而受到影响。虽然二者对企业经营管理权的影响有所不同。

风险投资中的创业投资者（即狭义的风险投资者）主要是通过资金汇集而成的机构投资者，且具有专门的投资管理人员，无论是从资金规模还是专业化的角度来看，都高于天使投资者。因此，其为融资企业提供大量资金的同时，也要求在一定程度上参与融资企业的经营管理以保证其投入资金的盈利能力，但由于创业投资者的最终目的仍是获得经济回报，其最终会通过一定的退出机制退出融资企业，所以，其仅会在特定范围、时期及一定程度上掌握融资企业的管理权。

权益性战略投资者，由于其投资融资企业本就并非以单纯获得经济回报为目的，而是有开拓新市场、整合产业链等多重目的。因此，其必然会对融资企业的管理权提出较多的要求，甚至有通过权益性战略投资达到收购兼并融资企业的目的。

综上，企业在进行融资选择的时候，面对诸多的融资方式，不能仅从投资者能够提供的资金数量进行考量，而需要综合自身所处的行业、成长阶段、商业模式的特点及融资成本等多方面因素，制定适合自身可持续发展的融资规划。

第四章

商业画布

第一节

商业画布的含义

著名管理学大师彼得·德鲁克曾经说过，今天企业间的竞争已经不是产品的竞争，而是商业模式之间的竞争。商业模式是一个企业满足消费者需求的系统，这个系统组织管理企业的各种资源（资金、原材料、人力资源、作业方式、销售方式、信息、品牌和知识产权、企业所处的环境、创新力，又称输入变量），形成能够提供消费者无法自力生产而必须购买的产品和服务（输出变量），并形成自己易复制但不易被别人复制的运作及营利模式。

商业模式对现代商业来说如此重要，那我们如何系统地来创新、设计和实现一种强大而新颖的商业模式呢？如何质疑、挑战和转换那些陈旧过时的商业模式呢？对于一种新的商业模式，若想要用单纯的文字语言加以较全面、通俗易懂的描述，并不容易。运用图、文结合的商业模式画布加以描述，是一种通俗而高效的描述手段。

商业模式画布，简称商业画布，是一种帮助创业者催生创意、减少猜测、找对目标用户、阐述商业模式创意的工具，它是一种描述商业模式、改变商业模式、可视化商业模式以及评估商业模式的通用语言。

第二节

商业画布构造

商业模式画布图由九个方格组成，每一个方格都代表着若干种可能性和替代方案，如图 4－1 所示。客户细分构造块用来描绘一个企业想要接触和服务的不同人群或组织；价值主张构造块用来描绘为特定客户细分创造价值的系列

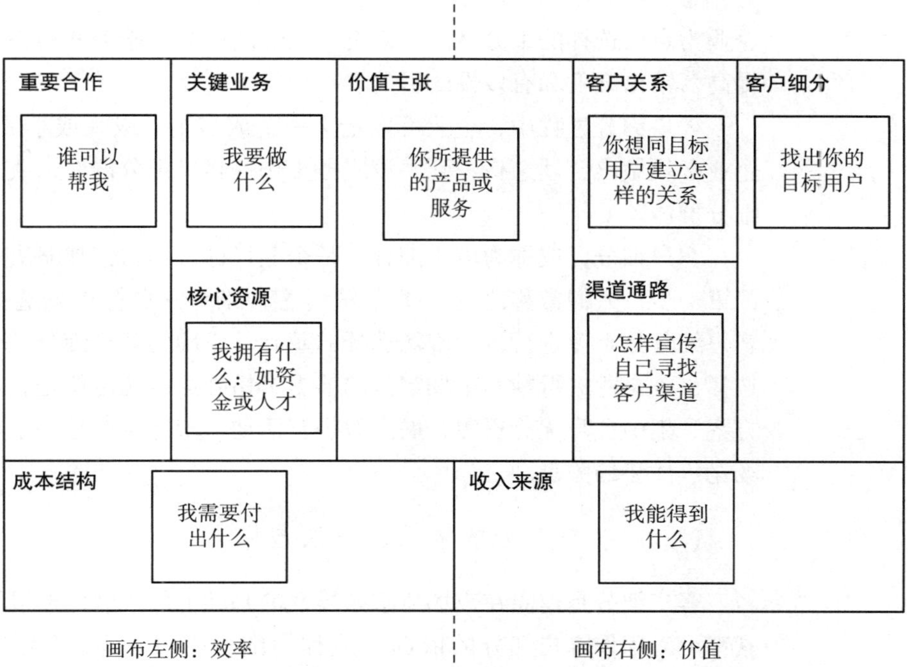

图 4－1　商业模式画布

产品和服务；渠道通路构造块用来描绘企业如何沟通、接触其客户细分并传递其价值主张；客户关系构造块用来描绘企业与特定客户细分群体建立的关系类型；收入来源构造块用来描绘企业从每个客户群体中获取的现金收入；核心资源构造块给出了使得企业组织能够创造和提供价值主张、接触市场、与客户细分群体建立关系并赚取收入的资源；关键业务构造块用来描绘为了确保其商业模式可行，企业必须做的事情；重要合作构造块用来描述使得商业模式有效运作所需的供应商和合作伙伴的网络；成本结构构造块用来描述一个商业模式有效运作所引发的所有成本。

一、客户细分

客户细分（customer segments）构造块用来描绘一个企业想要接触和服务的不同人群和组织。

（一）客户细分的重要意义

客户是所有商业模式的核心。没有足够、可获益的客户，就没有企业的生存和发展。不同的客户群体的需求常具有异质性，企业需要以相对有限的资源进行有效的市场竞争，在明确的战略业务模式和特定的市场中，为了更好地满足客户，需根据客户的属性、行为、需求、偏好以及价值等因素对客户进行细分，每个细分区隔中的客户具有共同的需求、共同的行为和其他共同的属性，企业为自己选择的细分客户提供有针对性的产品、服务和销售模式等，以达到提高营销精准度和有效性的目的。

客户细分过程中，企业可以定义一个或多个、或大或小的客户细分群体。企业必须做出合理选择，到底该服务于哪些客户细分群体，或该忽略哪些客户细分群体。

客户细分，或称为市场细分，是企业目标市场营销战略决策过程三个步骤的第一步，人们常称之为 STP 营销（客户细分—目标市场选择—市场定位）。客户细分是企业进行目标市场选择的基础，正确的客户细分及合适的目标市场选择，是企业进行精确市场定位的前提。精确的市场定位是企业设计营销组合方案、集中自身优势资源开展高效经营活动、塑造企业独特个性特征、获得市场竞争优势的关键。

（二）客户细分的依据、方法与原则

客户细分是建立在市场需求差异性的基础上的，因此形成需求差异性的因素都可以用作客户细分的依据（或称为细分变量）。在长久的买方市场环境下，市场需求个性化越来越成为趋势乃至常态，市场需求千差万别，影响需求的因素又错综复杂，企业在进行客户细分时，没有统一的标准和模式，企业应

根据自身行业及产品特点、顾客需求特点等，综合考虑，灵活选择细分依据，以获得对企业经营具有价值的细分客户。

1. 消费者市场客户细分

消费者市场客户细分常用的细分方法有地理因素细分、人口因素细分、心理因素细分、行为因素细分等。

（1）地理因素细分。由于处于不同地理位置和不同地理环境的消费者，会形成不同的消费需求、消费习惯和偏好，因此地理细分是常用的客户细分方法。例如，饮食习惯上全国各地有明显的差异，因此餐饮市场上，粤菜馆、湘菜馆、川菜馆、东北菜馆等各具地方特色的餐馆争奇斗艳，在沿海外来移民较多的城市表现得尤为明显。具体的地理因素细分依据有：国别、地区、城市规模、人口密度、气候等。但是地理因素是一种相对静态的因素，处于同一地理位置的消费者仍然会存在较大的需求差异，因此，企业在进行客户细分时，还必须进一步考虑其他因素。

（2）人口因素细分。人口因素细分对于企业识别潜在顾客尤为重要，是客户细分最常用的重要细分依据。主要的人口细分依据有年龄、性别、收入、职业、文化程度、家庭结构、种族、宗教信仰等人口统计因素，这些因素比较容易获得和衡量，而且消费者的需求又与此有密切的关系。例如，收入是影响消费者对住房、家具、汽车、服装等产品产生需求的重要因素；年龄是影响消费观念、购物方式的重要因素。

（3）心理因素细分。地理因素、人口因素方面具有相同或相近特征的顾客，可能仍会表现出极大的需求差别，其原因主要在于消费者心理因素的影响。心理细分的依据主要有消费者的生活方式、性格和社会阶层等。生活方式是指消费者对待生活、工作等方面的态度和行为，据此可将消费者划分为享乐主义者、实用主义者、紧跟潮流者、因循守旧者等不同类型。性格方面，受个性影响，消费者通常会选择一些能表现自己性格的款式、色彩及产品，根据性格的差异，可以将消费者分为独立、保守、外向、内向、支配、服从等类型。此外，消费者还会根据自己的背景，将自己主观地融入某一社会阶层，同时在消费和购买产品时也会反映出该阶层的特征。例如，在选择休闲活动时，高收入阶层可能会选择打高尔夫球，低收入阶层则可能选择在家中看电视、打麻将等。

（4）行为因素细分。行为因素主要指消费者在购买过程中对产品的认知、态度、使用等行为特点，主要的行为因素有寻求利益、使用率、消费时机、使用者状况等。

第一，按寻求利益细分。寻求利益指消费者对所购买的产品能带给自己的好处有不同的要求，例如，购买汽车时，消费者可能会有以下要求：款式好看、安全、省油、耐用、空间够大、性价比高等。因此，经营者应了解消费者在购买某种产品时所重视的主要利益是什么，消费者还有哪些利益没有得到满足，进而使自己的产品突出这些利益要求，就可以更好地迎合消费者的需求。

第二，按使用率细分。使用率反映的是消费者使用量的多寡。根据消费者使用量的不同，可将消费者分为少量使用者、中量使用者、大量使用者。例如，香口胶厂商大多选择大量使用者作为自己的目标顾客，他们需要研究这些顾客的特征，制定出相应的营销策略。

第三，按消费时机细分。消费时机是指顾客需求和消费产品的时间特性。例如，对旅游的需求一般在公共假期和寒暑假处于高峰；节日礼品一般在相应的节日期间热销，但多数礼品在节前比节后畅销，有些礼品在节后销量几乎为零，且节前开展营销活动也必须有足够的时间提前量，如月饼。

第四，按使用者状况细分。许多产品都可以按照消费者对产品的使用情况进行如下分类：未曾使用者、曾经使用者、潜在使用者、初次使用者、经常使用者。一般而言，生产科技创新类产品的企业，要特别注重吸引潜在顾客，将其转变为企业的顾客；而市场占有率已达一定高度、创新速度慢的企业，则以维持现有市场占有率为主，着力提高顾客对企业和产品的偏好和忠诚度。

2. 企业用户客户细分

企业用户购买的目的是将所购产品用于再生产，生产出新的产品或服务，从中获取利润，所以与普通消费者的购买目的不同、需求不同。企业用户客户细分的依据主要有：

（1）用户的行业类别。用户的行业类别可分为：农业、工业、军工、食品、纺织、机械、电子、冶金、汽车、建筑等。不同行业的用户其需求和要求不同。计算机公司通常将其市场细分为公司集团、小企业、机关学校、家庭。

（2）用户规模。企业用户按规模可以分为大型、中型、小型企业，或大客户、小客户等。用户规模不同，其购买力、购买数量、购买的行为和方式等都有很大差别。

（3）用户的地理位置。用户的需求与其所处的国别、地区、气候、地形、交通条件、自然环境、资源、生产力布局等有直接的关系。按用户地理位置细分市场，有助于企业选择用户相对集中的地区的客户，以提高销售量，节省推销费用和运输成本。

（4）购买行为因素。例如，按用户追求的利益，可以分为注重质量的、注重价格的、注重服务的等不同的用户；按用户的使用状况可分为潜在客户、新客户、老客户等。

3. 客户细分的具体方法

根据客户细分时使用的细分依据的多少，客户细分可以有三种方法：

（1）单一因素法。单一因素法就是只选择一个细分依据进行客户细分的方法。例如，资生堂公司是日本最大的化妆品公司，在 20 世纪 80 年代以前，采取的是不对顾客进行细分的大众营销策略，即所生产的每种化妆品都把所有顾客作为营销对象，不加细分。1987 年，资生堂决定转向细分市场营销，如以年龄作为细分因素，提出了“体贴不同岁月的脸”，他们为十几岁少女提供的是 Reciente 系列，20 岁左右的是 Ettusais 系列，三四十岁的中年妇女则有 Elixir 系列，50 岁以上的妇女则可以用防止肌肤老化的 Rivital 系列。

（2）综合因素法。综合因素法是选择 2 ~ 3 个细分依据进行客户细分的方法，这时可以借助二维或三维坐标图，直观地显示细分市场的状况。例如，以收入、年龄来细分某一市场，则可得到如下一些细分市场，即每一格可代表一个子市场，共有 3 ×4 =12 个，如图 4 –2 所示。

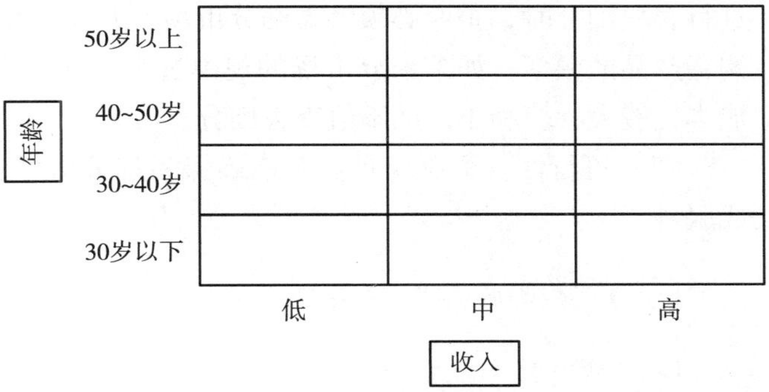

图 4 –2　综合因素法示例

（3）系列因素法。系列因素法就是企业选择多个细分依据，由粗到细，逐步进行客户细分。例如，我们可以对服装市场选取性别、年龄、收入、追求利益四个因素进行如下的细分，如图 4 –3 所示。

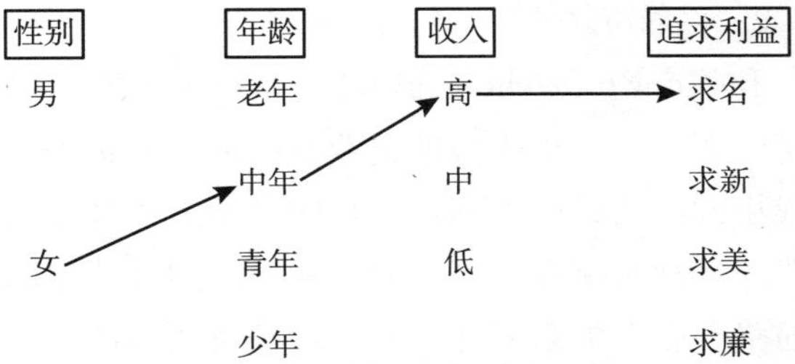

图 4 –3　系列因素法示例

将不同因素进行不同的组合，就可以得到不同的细分市场，从以上例子我们可以得到的全部细分市场的数目是：2 ×4 ×3 ×4 =96 个。当然其中有些细分市场可能是没有实际意义的，因此对其细分结果还需进行进一步的分析、筛选，才能选择适合企业要求的目标市场。

4. 有效的客户细分应符合以下五个原则

（1）差异性。一个有效的客户细分，首先是各细分市场之间体现需求差异性，同一细分市场内需求差异小，对相似的营销策略有相似的反应，不同细分市场间需求差异大。

（2）可衡性。细分出来的市场不仅范围明确，而且对其容量大小也能大致做出判断。

（3）可达性。细分出来的市场应是企业营销活动能够抵达的，即是企业通过努力能够使产品进入并对顾客施加影响的市场。一方面，有关产品的信息能够通过一定媒体顺利传递给该市场的大多数消费者；另一方面，企业在一定时期内有可能将产品通过一定的分销渠道运送到该市场。

（4）足量性。细分出来的市场，其容量或规模要大到足以使企业获利。进行客户细分时，企业必须考虑细分市场上顾客的数量以及他们的购买能力和购买产品的频率。如果细分市场的规模过小，市场容量太小，细分工作烦琐，成本耗费大，获利小，就不值得去细分。

（5）可行性。企业现有资源能确保为细分市场提供迎合主体需要的产品或服务。

（三）常见客户细分类型

1. 大众市场

大众市场（mass market），是指营销者以相同的方式向市场上所有的消费者提供相同的产品和进行信息沟通。以大众市场为目标市场的商业模式在不同客户细分之间没有多大区别，价值主张、渠道通路和客户关系全都聚焦于一个大范围的客户群组，在这个群组中，客户具有大致相同的需求和问题。早期汽车市场亨利·福特向市场上推出著名的T型车时，就采用统一的设计和唯一的黑色款式。现阶段这类商业模式经常能在消费类电子行业中找到。

2. 利基市场

利基市场（niche market），是指大市场中的缝隙市场，指向那些被市场中的统治者、有绝对优势的企业忽略的某些细分市场或者小众市场，企业选定一个很小的产品或服务领域，集中力量进入并成为领先者，逐渐形成持久的竞争优势。以利基市场为目标的商业模式迎合特定的客户细分群体，价值主张、渠道通路和客户关系都针对某一利基市场的特定需求定制，这样的商业模式常常可以在供应商——采购商（supplier-buyer）的关系中找到。例如，万向集团早在1980年选择进口汽车维修用万向节，并专注该业务，于1983年起成为中国万向节市场最主要供应商；格兰仕在1992年选择家用微波炉为单一业务，以自有品牌和OEM方式进入国际市场；聚龙集团在1998年选择指甲钳为新业务，现已成为中国第一、世界第三的指甲钳生产商。

3. 区隔化市场

区隔化市场（segmented），是将消费者依不同的需求、特征区分成若干个不同的群体，形成不同的消费群。市场区隔不仅是静态的概念，也是动态的过程。它是了解某一群特定消费者的特定需求，通过新产品、新服务或新的沟通形式，使消费者从认知到使用产品或服务并回馈相关信息的过程。市场区隔以营销资源的有效配置、营销目标的有效制定以及创造营销优势等为目标，致力于发现新市场并巩固旧有市场，或从新的区隔市场寻求突破，对于企业的发展具有重要的作用。

4. 多元化市场

多元化市场（diversified），是指一个企业同时经营两个或两个以上行业的拓展战略，又可称“多行业经营”，主要包括三种形式：同心多元化、水平多元化、综合多元化。

（1）同心多元化是利用原有技术及优势资源，面向新市场新顾客增加、新业务实现的多元化经营。

（2）水平多元化是针对现有市场和顾客，采用新技术、增加新业务实现的多元化经营。

（3）综合多元化是直接利用新技术进入新市场的多元化经营。

多元化经营战略适合大中型企业选择，该战略能充分利用企业的经营资源，提高闲置资产的利用率，通过扩大经营范围，缓解竞争压力，降低经营成本，分散经营风险，增强综合竞争优势，加快集团化进程。但实施多元化战略应考虑选择行业的关联性、企业控制力及跨行业投资风险。

案例一

精准细分，特色包房预定平台深挖精英群体聚餐需求

——以“请上座”小程序为例①

案例简介

“请上座”主打特色包房预定，致力于满足城市精英商务宴请、私人聚餐、团建年会、社群饭局等多种场景需求，为客户精选和预订本地环境好、有特色、价格合适的特色空间和包房，提供“一键快速预订 + 线上优惠买单”一站式服务。

经过团队不断努力，短短一年的时间，请上座平台已覆盖广州、深圳、佛山、中山，上线 400 + 特色餐厅、100 + 米其林星选、100 + 私房菜、50 + 会所、150 + 中高端酒楼、100 + 商务宴请黑钻餐厅、700 + 特色餐厅、4000 + 严选包房……容量库还在不断地扩大更新，“请上座”的餐厅包房数量与质量均在稳步增长。

① 本案例由广州微粤信息科技有限公司及“请上座”提供，仅供本教材出版使用。

一、深刻洞察餐饮市场的发展，精准定位崛起的新中产阶级

“请上座”成立于2017年11月，当时市场上几乎没有专门做包房预订的平台，就在这样的情形下，“请上座”选择以订特色包房为主打的平台诞生了。其核心团队成员有来自唯品会、Cisco、IBM、中国移动等知名企业的资深高管，拥有强大的企业管理和消费市场营销经验，也有拥有数十年美食节目和餐饮行业经验的著名女性生活美学作家及美食KOL。

创始人兼CEO陆燎原认为，团队所拥有的丰富资源和对餐饮消费、市场营销领域的专业积累，为“请上座”的行业竞争力和发展能力提供了最好的基础。

“请上座”科技主要定位：为中国日益崛起的数亿中产阶级，打造本地生活服务方式（吃喝玩乐）的严选平台。目前主要以刚需、高频的精选餐厅特色包房的一站式预订服务和支付作为切入点。

二、深挖细分市场，利用小程序轻应用打造“互联网+餐饮”严选平台

“请上座”选择了B2C自营平台的一站式运营服务模式，针对垂直细分市场，严选当地最有特色的餐厅包房，自有摄影师上门拍摄所有包房，严把质量关，原创内容呈现完善的包房信息，从而解决目标用户在商务宴请、朋友聚会、家人聚餐等各场景中选择困难、信息不真实或不够精准的痛点。

同时，为了增强用户体验感，“请上座”通过广州微粤信息科技定制了一套专属小程序平台。“请上座”小程序无须下载，扫码或者搜索即可进入，可根据时间、人数、区域、菜系、人均筛选餐厅，选定卡座或包房，快速为用户筛选最符合需求的餐厅，一键解决“去哪吃”“吃什么”“预订困难”等难题。如有更多需求，还可以点击“更多筛选条件”，为用户筛选符合相关景观、包房设备，场景等条件的餐厅，预订更加精准，更加快捷。小程序展现如图4－4所示。

图4－4 “请上座”小程序页面

三、行业细分：倾力打造城市精英社群矩阵

“鲸英 club”是“请上座”中一个为用户提供高端饭局、行业峰会、活动会议的板块页面，“鲸英 club”中的组织者均是城市精英、行业领袖或是某个领域的 KOL，由“请上座”集合多方合作机构，汇集城市各类精英活动、社交饭局邀请入驻到“请上座”平台。因此，“请上座”除了为用户提供餐饮预订的基本服务外，还为志同道合的城市精英开拓一个交流学习的社交平台。小程序展现如图 4－5 所示。

图 4－5 “请上座”的“鲸英 club”小程序页面

四、基于微信小程序的优势，探索不一样的营销玩法

由于“请上座”是基于微信小程序开发的应用，“请上座”玩出微信生态独有的社交玩法。“集卡赢霸王餐”是一个收集卡片赢取免费美食套餐的活动，用户在小程序领取卡片并可与微信好友进行分享交换，在限定活动时间内，如果集齐卡片即可获得“霸王餐”奖励。活动页面见图 4－6。

另外，还有“美食达人分享赚佣金”“充值返还百万微信现金”“全平台包房全单打 9 折（可分享微信好友）”等营销活动，如图 4－7 所示。

图 4 – 6 “请上座”的“集卡赢霸王餐”活动页面

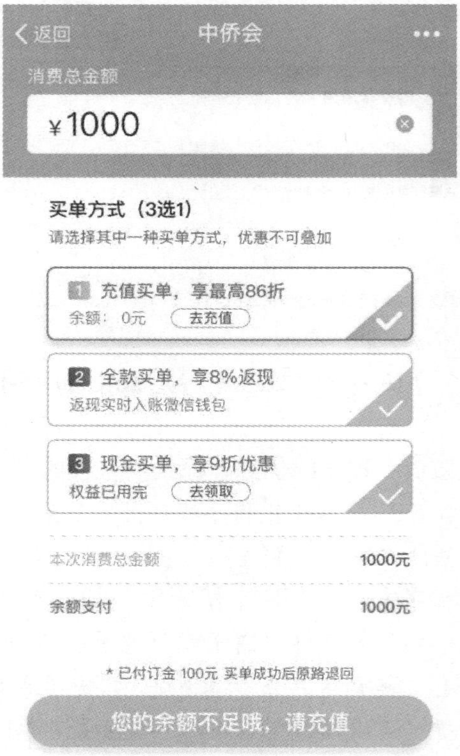

图 4 – 7 “请上座”的优惠买单支付页面

五、专属客服跟踪服务，为用户提供一站式服务

“请上座”通过与商家的紧密合作，为用户提供“7×24小时包房实时预订+线上优惠买单”的一站式服务，并在用户就餐体验的各个环节，为其提供最优质的便捷服务，如专属秘书、自带导航和停车位信息的邀请函等，让消费者不仅仅只是吃饭，还能在聚餐中感受到平台带来的“寻新求奇”“特色专属”等舒适体验。

二、价值主张

在商业模式这一独立交叉学科里，价值主张（value propositions）是首要的构成要素，是商业模式的灵魂，也是商业模式创新的源泉和出发点。

（一）价值主张的含义

价值主张也称为客户价值主张，是指企业的产品（包括服务产品）能为客户带来什么有别于他人产品的价值。早在20世纪50年代美国人罗瑟·里夫斯（Rosser Reeves）提出的USP理论中，要求向消费者说一个“独特的销售主张”（unique selling proposition），包括强调产品具体的特殊功效、强劲的销售力和独特性。这些产品和服务能够帮助客户完成功能性、社会性或情感性工作，或能够帮助他们满足基本需求。产品和服务不单独创造价值，仅当其与特定客户群及客户的工作、需求和收益相关联时才能创造价值。而在奥尔维（Ogilvy）提出的品牌价值主张中则认为，消费者购买的不只是产品，还购买了承诺的物质和期望利益，而品牌就是最大的期望利益。由此可见，价值主张是公司提供给客户的受益集合或受益系列，它确认了企业对消费者的实用意义。

在商业画布中，价值主张构造块用来描绘为特定客户细分创造价值的系列产品和服务，包括有形的产品和无形的服务等。

（二）成功的价值主张的特性

（1）成功的价值主张能被嵌入一个成功的商业模式中。

（2）关注客户最重要的工作、痛点和收益。客户工作描述了你的客户在工作或生活中正尽力完成的事项，它可能是客户正在进行或尽力完成的工作，也可能是正尽力解决的问题或正尽力去满足的需求，需要从客户的角度进行分析，区分主要工作和辅助工作。客户痛点是指妨碍客户完成工作或工作过程中产生的偏离和偏差的情况，痛点也是风险，找出痛点能更有效地满足客户的需求和顺利完成工作任务。客户收益则是指客户想要的结果和效益，它包括功能效用、社会收益、积极情绪和费用节省。

（3）关注令人不爽的工作、未解决的痛点和没有意识到的收益。

（4）定位在那些只需要解决一点就可以给客户带来很大改善的工作、痛点和收益上。

（5）超越功能性的工作，涉及情感性和社交工作。

（6）与客户定义成功的标准保持一致。

（7）关注那些大多数人都有的或者少部分人愿意花重金去改善的工作、痛点和收益。

（8）区别于竞争对手关注的客户的工作、痛点和收益。

（9）至少在一个方面远远超越竞争对手。

（10）很难被复制。

下面我们通过两个企业透视其成功的价值主张内涵。

海尔是全球大型家电第一品牌，1984 年创立于青岛。目前，海尔在全球建立了 21 个工业园、5 大研发中心、19 个海外贸易公司，全球员工超过 8 万人。它的价值主张是给客户提供差异化的、技术领先的产品。海尔集团根据市场细分的原则，开发差异化产品，在选定的目标市场内确定消费者的需求，有针对性地研制开发多品种、多规格的产品，满足不同层次的消费者的需求。由此可见，海尔的价值主张不是快速提供产品，而是按照客户的需求定制解决方案，而解决方案可能不只是产品的叠加，还要开发一些配套的软件或者提供整合的服务，这就需要一个团队在后面做支撑和提供交付能力。此外，解决方案模式的建立还需要和大量的客户进行密切的联系，是对前端销售网络、销售模式的彻底改变，销售人员将更像是顾问，而非销售员，他们关注的是解决客户的问题，而非将已有的产品高效地卖给客户。

华为是全球领先的信息与通信技术（ICT）解决方案供应商，专注于 ICT 领域。随着 ICT 技术的加速融合，以云计算、大数据为特征的技术正在成为引领和促进 ICT 行业创新和发展的核心技术。新的技术创新，不仅在全方位地重构 CT 产业，而且通过 IT 和 CT 产业融合带来巨大的商业发展机遇。为适应这一革命性变化，华为调整了公司的价值主张，强调围绕客户需求和技术领先持续创新，与业界伙伴开放合作，聚焦构筑面向未来的信息管道，致力于共建更美好的全连接世界，持续为客户和全社会创造价值，力争成为运营商客户面向未来转型的战略合作伙伴，成为领先的企业 ICT 基础设施提供商，成为消费者喜爱和信赖的、全球领先的智能终端品牌。华为价值主张，如图 4－8 所示。

（三）创造价值的常见方向

通过上述案例我们可知，价值主张通过迎合细分群体需求的独特组合来创造价值。价值可以是定量的（如价格、服务速度）或定性的（如设计、客户体验）。

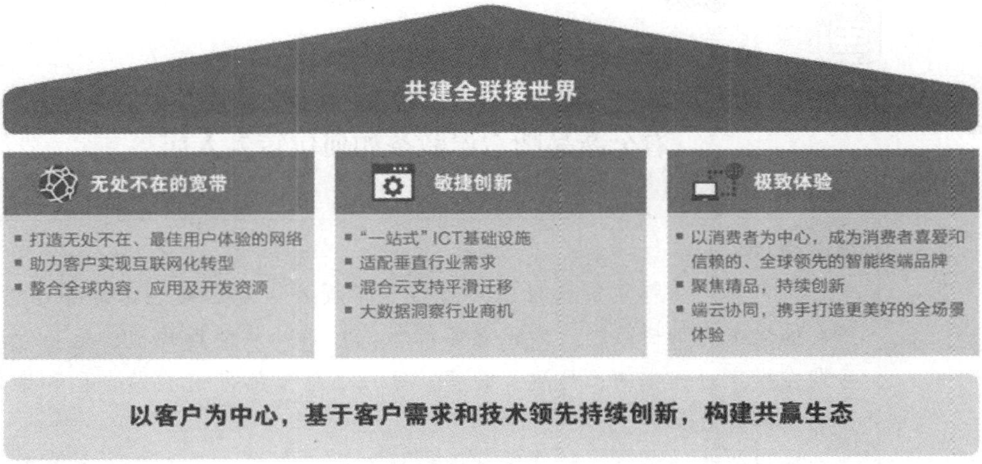

图4－8 华为价值主张

下面是一些有助于为客户创造价值的简要要素列表：

（1）新颖（newness）。它主张满足客户从未感受和体验过的全新需求。例如，移动电话围绕移动通信开创一个全新的行业。

（2）性能（performance）。改善产品和服务性能是一个传统意义上创造价值的普遍方法。

（3）定制化（customization）。定制产品和服务以满足个别客户或客户细分群体的特定需求来创造价值。

（4）把事情做好（getting the job done）。通过帮客户把某些事情做好而简单地创造价值。如航空公司按引擎用时向供应商支付费用。

（5）设计（design）。在时尚和消费电子产品工业，设计是价值主张中一个特别重要的部分。

（6）品牌/身份地位（brand/status）。客户通过使用和显示某一特定品牌而发现价值。

（7）价格（price）。以更低的价格提供同质化的价值是满足价格敏感客户细分群体的通常做法。

（8）成本削减（cost reduction）。帮助客户削减成本是创造价值的重要方法。例如，SaaS 减少了购买者的开销并免除了用户自行购买、安装和管理软件的麻烦。

（9）风险抑制（risk reduction）。帮助客户抑制风险也可以创造客户价值。

（10）可达性（accessibility）。把产品和服务提供给以前接触不到的客户是另一个创造价值的方法。

（11）便利性/可用性（convinience/usablility）。使事情更方便或易于使用可以创造可观的价值。如：iTunes 为用户提供了在搜索、购买、下载和收听数字音乐方面前所未有的便捷体验。

案例二

看全新品牌六识藏茶如何玩转人人店[1]

案例简介

六识养生品牌藏茶选自四川省雅安市周公山地区纯生态的中小叶种，是有性繁殖的茶树品种。六识藏茶严格把控茶叶从前期种植、生长管理到后期在生产过程中的产品质量管理，每一个环节都贯彻“做自己和亲人每天都喝的好藏茶”。

六识藏茶的经营模式采用独立商城系统，启用品牌合伙人与共享藏茶合伙人的创业模式，包括有会员制、分销商、共享藏茶合伙人制、体验店、品牌加盟店等。

一、全新角度直击客户需求

（一）用亲身体验做品牌口碑

品牌创始人杨宗明先生系资深藏茶文化传播者，2005 年开始致力于弘扬、普及藏茶的养生价值，十多年专注藏茶养生的实践与推广，创新、探索藏茶日常养生之法。创始人本身作为藏茶的传播者，深知藏茶的饮用方法及功效，对于刚入门的茶文化爱好者，创始人可以逐步挖掘客户对于藏茶的需求。

（二）产品背后的养生价值有着精准的客户群体

每一种茶叶都具有不同的养生价值，各人因体质差异，在饮茶时应当注意饮用与自身体质相符的茶，如体寒虚弱的人群应尽量少喝绿茶。众多茶之中，藏茶的内含物可达500 多种，是所有茶叶中制作工序最为复杂的茶，因其深度发酵，性温，普遍适合对健康养生有需求的人群饮用。所以除了藏茶本身的饮用价值外，其背后的养生价值也直击众多客户的需求。

（三）跨界合作，打造“藏茶 +” 生态

养生藏茶已不再单是一个茶叶的概念，杨宗明先生在使用“互联网 +”思维的基础之上，创新“六识养生藏茶 +”的思维，跨界与很多行业进行了尝试性合作。在实践中推出了藏茶养生茶屋，用生物科技技术研发了藏茶养生枕、藏茶养生床褥，以及私家车用的藏茶车内空气净化置换条包、藏茶车枕、藏茶坐垫等。从环境养生入手，用六识养生藏茶的系统知识和方法，教会六识养生藏茶的会员和消费者来体验藏茶养生。原本单纯的饮茶需求，经过跨界尝试之后，逐步渗透到客户生活的方方面面。

---

① 本案例由广州微粤信息科技有限公司及“六识藏茶”提供，仅供本教材出版使用。

二、借助互联网，让身边的人都认识藏茶的价值

（一）独立商城系统，多渠道销售

六识藏茶的经营模式采用独立商城系统，采用品牌合伙人与共享藏茶合伙人的创业模式，包括有会员制、分销商、共享藏茶合伙人制、体验店、品牌加盟店等。严格把控茶叶从前期种植、生长管理到后期在生产过程中的产品质量管理，贯彻“做自己和亲人每天都喝的好藏茶”的理念。商城系统如图4－9所示。

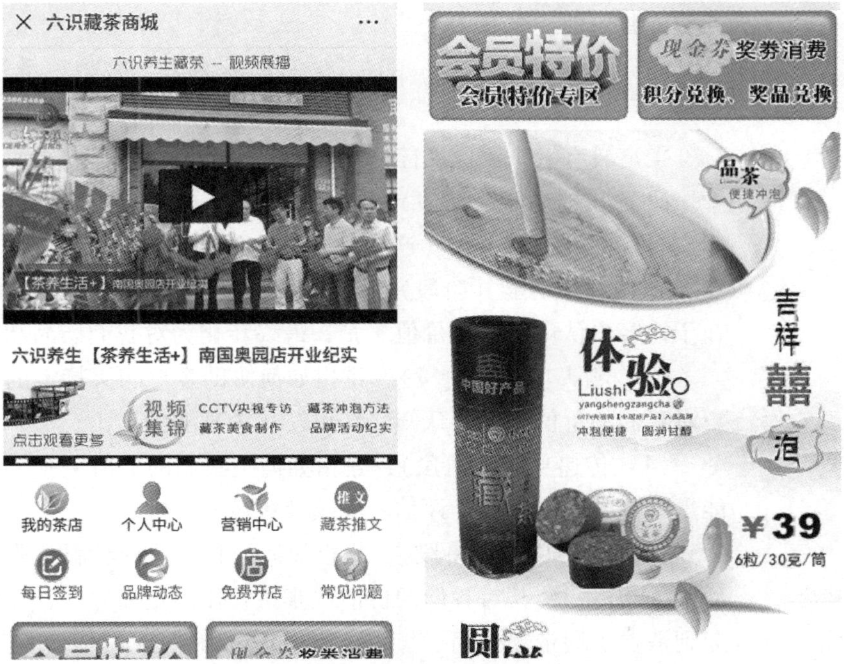

图4－9 六识藏茶商城页面

（二）建立互联网矩阵

在藏茶养生会员制的模式下，六识藏茶通过藏茶社群、公司官网、会员交流群、微信公众号、微博、网络直播、六识藏茶商城、地面实体店活动等多方渠道，使会员更加了解藏茶的养生价值。通过传播藏茶养生生活方式，进而影响会员的家人，造福一整个家庭的身心健康，助力提升广大都市人群的健康水平。

作为列入国家非物质文化名录的产品，除了产品本身的饮用价值外，其背后蕴藏了更多深层价值有待我们发掘。在这个时代，一味推崇自己的产品有多么优质显然是无法让品牌立足的，我们要学会主张产品的价值，企业产品才能走得更稳健、更长久。

三、渠道通路

（一）渠道的含义

渠道（channels）在营销学上称为分销渠道，意为产品或服务从生产领域到消费领域的通路，它由一系列执行中介职能的相互依存的企业或个人组成。在商业画布渠道通路构造块中，渠道用来描绘公司如何沟通、接触其细分客户并传递其价值主张。

（二）渠道的功能（阶段）

渠道具有五个不同功能（阶段）：

（1）认知功能（阶段），在这一阶段，渠道功能的重点在于如何提升细分客户对我们的价值主张（产品和服务）的认知。

（2）评估功能（阶段），重点是如何帮助客户评估我们的价值主张，目标在于让客户认可我们的价值主张，最终转化为对我们产品和服务的购买行动。

（3）购买功能（阶段），是指如何协助客户购买特定的产品和服务，将客户对我们的价值主张的认知、认可转化为现实的产出。

（4）传递功能（阶段），是指如何把我们的价值主张传递给客户。这一功能贯穿、渗透于认知、评估、购买及售后各阶段。

（5）售后功能（阶段），是指如何为我们的产品服务购买者提供满意的售后服务支持，使其对我们的价值主张持续作出正面评价，促成良性消费循环并起到消费扩展带动作用。

每个渠道都经历以上部分或全部阶段。

我们可以区分直销渠道（销售队伍、在线销售）与非直销渠道（自有店铺、合作伙伴店铺、批发商），也可以区分自有渠道和合作伙伴渠道。

在把价值主张推向市场期间，发现如何接触客户的正确渠道组合是至关重要的。企业组织可以选择通过其自有渠道、合作伙伴渠道或两者混合来接触客户。自有渠道可以是直销的，例如，内部销售团队或网站。渠道也可以是间接的，例如，团体组织拥有或运营的零售商店渠道。合作伙伴渠道是间接的，同时在很大范围上可供选择，例如，分销批发、零售或者合作伙伴的网站。

现代渠道理论已从原来的长线渠道变得逐渐扁平化——传统渠道由经销商、一级批发商、二级批发商、终端店组成，利润被渠道所瓜分。在近几年，越来越多的企业舍弃的一级批发商和二级批发商，直接对终端进行掌控，这样有利于产品的分销。适度在渠道上狙击对手，控制渠道可以说是做好营销的必要手段，甚至有“渠道为王”的说法。

案例三

借力新媒体营销渠道，为汽车后市场创造一片新天地

——以杰尔斯（JRS）汽车改色膜为例①

案例简介

杰尔斯改色膜是广州杰尔斯贸易有限公司（JRS）的简称，是欧洲的一个车身改色膜品牌，初来我国主要依靠批发商渠道来铺市场。近年来，受移动互联网影响及O2O冲击，产品价格劣势逐步凸显，市场占有率不断下滑。减少中间商，缩短渠道通路势在必行，在此情形下，JRS于2017年9月入驻广州微粤科技（四网合一）小程序线上平台，利用新媒体渠道（小程序渠道+精准广告营销）传播，上线第一个月，分销订单突破3000单，吸纳分销商600多名。

一、打造网感十足的产品

JRS车身改色膜与传统喷漆工艺相比，JRS车身改色膜绿色环保、无毒、无异味、无污染，对人体健康不会造成影响。同时可以在不伤害原车漆的情况下为车身提供持续保护，20~45岁的爱车青年群体是主力消费人群。

因此，在营销渠道部署上，微粤科技决定利用近年来最快捷轻便的“小程序”渠道通路+新媒体互联网广告营销渠道，为JRS车身改色膜打开格局、占领市场。营销部署页面如图4-10所示。

图4-10　JRS渠道营销定位页面

① 本案例由广州微粤信息科技有限公司及广州杰尔斯贸易有限公司提供，仅供本教材出版使用。

二、增设线下服务渠道，将产品服务范围最大化

车身贴膜行业，施工服务是关键。利用平台联动重点城市的汽修服务店，借助线下汽修店进行贴膜服务，所有线上购买都可以匹配就近汽修服务店施工。增加这一环节，可从根本上打破只针对区域性客户做推广的狭小格局，让更多地区的用户都能踊跃关注起来。

三、梳理产品卖点信息，利用新媒体广告精准营销获客

汽车改色贴膜，是汽配后市场的新潮流文化。产品最大的卖点是在个性炫酷下更好地保护原车漆，爱美与保养两不误，以年轻人居多。因此，在新媒体广告精准推广上，产品定向20~45岁年龄阶段，男性为主，覆盖配备服务区域的城市为主，精选旅游、金融、汽车、房产、家居、服饰鞋、餐饮美食、生活服务、商务服务、体育运动、游戏、娱乐休闲等用户标签进行投放。广告图例如图4-11所示。

图4-11 精准营销小程序广告页面

通过为期一周的精准广告覆盖，小程序新增用户5万人次，成交用户600单，为后期的持续小程序裂变营销做了很好的铺垫。

四、利用小程序营销插件适时推广热销产品

在小程序平台有了一定的人群活跃度后，持续推出热销产品的活动信息，如秒杀、人人夺宝等，增加粉丝和服务店的互动，带动商品的销售。同时，制定服务店技术员分销机制，保持车主与服务技术员的黏性及热度，提升车主用户体验感，从而达到复购及转介绍效果。服务模式如图 4－12 所示。

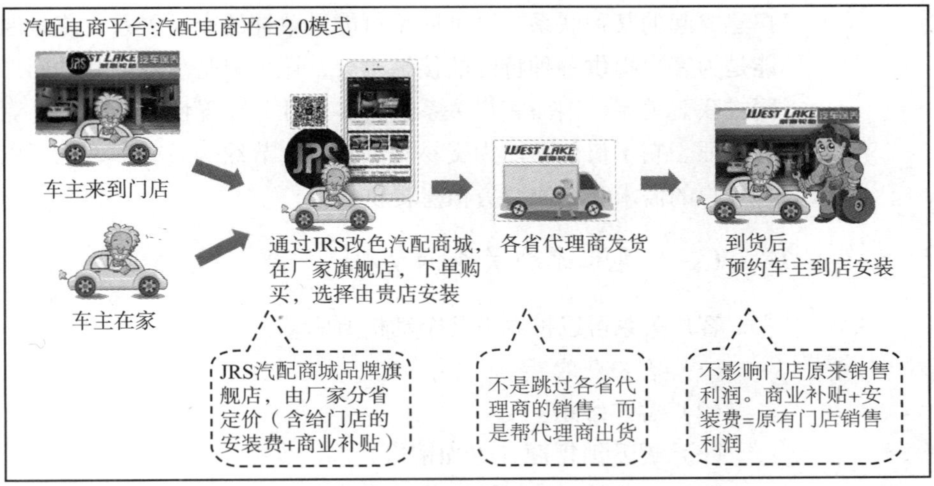

图 4－12　JRS 服务模式

五、定制开发客户质保系统

定制开发客户质保系统，解决客户担忧后续产品维修问题，让客户无后顾之忧，促进下单量。客户质保系统如图 4－13 所示。

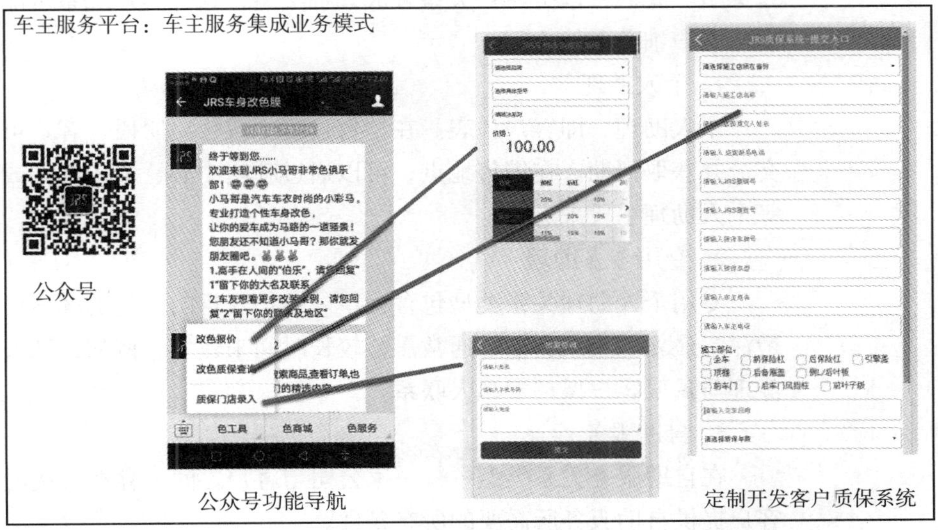

图 4－13　JRS 服务模式

此案例从产品到服务全部通过微粤科技（四网合一）小程序平台化操作，联动线上精准广告推广渠道通路，订单和分销商增长迅速。

四、客户关系

客户关系（customer relationship）是指企业为达到其经营目标，主动与客户建立起的某种联系。这种联系可能是单纯的交易关系，或是通信联系，也可能是为客户提供一种特殊的接触机会，还可能是为双方利益而形成某种买卖合同或联盟关系，因而客户关系具有多样性、差异性、持续性、竞争性、双赢性的特征。它不仅仅可以为交易提供方便，节约交易成本，也可以为企业深入理解客户的需求和交流双方信息提供机会。

（一）驱动客户关系的动机

客户关系可以被以下几个动机所驱动：

(1) 客户获取。

(2) 客户维系。

(3) 提升销售额（追加销售）。

例如，早期移动网络运营商的客户关系由积极的客户获取策略所驱动，包括免费移动电话。当市场饱和后，运营商转而聚焦客户保留以及提升单客户的平均收入。

（二）客户关系的类型

商业模式中的客户关系构造块用来描绘公司与特定客户细分群体建立的关系类型。我们可以把客户关系分成几种类型，这些客户关系可能共存于企业与特定客户细分群体之间。

1. 个人助理

个人助理，即客户代表。在销售过程中或售后阶段，客户可以与客户代表交流并获取帮助。在销售地点，可以通过呼叫中心、电子邮件或其他销售方式等个人助理手段来进行。

2. 专用个人助理

专用个人助理关系类型包含为单一客户安排的专门的客户代表。它是层次最深、最新的关系类型，通常需要较长时间来建立。例如，私人银行关键客户经理与重要客户保持着私人联系。

3. 自助服务

在自助服务关系类型中，一家公司与客户之间不存在直接的关系，而是为客户提供自助服务所需要的所有条件。

4. 自动化服务

自动化服务关系类型整合了更加精细的自动化过程，用于实现客户的自助服务。例如，客户可以通过在线档案来定制个性化服务。自动化服务可以识别不同客户及其特点，并提供与客户订单或交易相关的信息。

5. 共同创作

许多公司超越了与客户之间传统的客户—供应商关系，而倾向于与客户共同创造价值。亚马逊书店就邀请顾客来撰写书评，还鼓励客户参与到全新和创新产品的设计过程中来。还有一些公司，例如，优兔（YouTube）请用户来创作视频供其他用户观看。

6. 社群

目前各公司正越来越多地利用用户社群与客户/潜在客户建立更为深入的联系，并促进社群成员之间的互动。许多公司都建立了在线社群，让其用户交流知识和经验，解决彼此的问题。社群还可以帮助公司更好地理解客户需求。从而学会更好地满足用户期望。

（三）维系客户关系的方法

维系客户关系的秘诀在于与客户建立一种有价值的永久关系。

1. 奖励顾客的忠诚

维系顾客关系很重要的一点就是要奖励顾客的忠诚，让客户感觉被重视。奖励客户的忠诚需将焦点放在客户需求上，用你可掌握的利益，特别是成本方面来酬谢你期望的消费行为，因而企业必须掌握顾客的这种需求，追踪客户的态度变化并探测客户真正的需求。

2. 争取客户信任

信任是使客户产生忠诚的前提条件。事实上，许多客户在选择和评价商家时，最看重的因素是“值得信赖”，而不是“价格低廉”或“产品品种繁多”，信赖来自很多方面，如产品或服务的高质量、合理的价格等。

3. 建立持续性的对话

良好的关系意味着信息渠道的畅通，稳定的关系虽然不会因为交流有间歇或停止而消失，但企业也应主动与客户联系，进行双向沟通，加深客户对企业的认识，察觉客户需求的变化，满足客户的特殊需求。广泛的双向信息交流和信息共享，可以使企业赢得支持与合作。

4. 利用客户反馈改进产品或服务

要巩固和维系客户，企业必须主动与客户联系，为客户提供便利的反馈渠道，鼓励客户回馈。

2012 年海尔进行了一场“寻找 28 年品质奇迹”活动，来自海尔官方对本次活动的解释是：通过寻找老用户、讲述老用户与海尔空调温暖故事的过程，实际就是对产品技术、品质的一次零距离调研，这不仅是用户见证海尔空调

28年来卓越品质和强大的科技创新实力的一次难得的机会，也将有利于海尔空调进一步提升技术及品质，为更多海尔空调的新老用户提供更高品质的产品和使用体验。海尔征集老用户，是对老用户的一次集中回访，体现了海尔对用户的人文关怀。通过对用户的回访，既能了解用户对海尔产品的评价，又能了解用户的需求等。消费者购买产品近30年之后，能得到企业的关心，这种心智营销有感恩的味道，还能让消费者感受到一缕温暖。从不忘掉过去的用户，这是一个明智的企业最该具有的品格。从营销层面解读，挖掘老客户的商业价值，其成本要小于新客户的开发，而且老客户一般具有较高忠诚度。

（四）维系客户关系的七步骤

1. 明确的沟通

客户和产品（服务）提供商之间的明确沟通从合作开始时就至关重要。与客户多沟通永远比少沟通要好。缺乏沟通会导致客户种种的误解和不满。每次口头交流后，应通过书面文档或电子邮件来确认讨论和具体执行的步骤，以保证所有沟通都有记录。

2. 明确目标

明确沟通的一个重要因素是项目每一步骤的目标都符合客户的期望，并明确负责人。项目开始时应拟订一份清晰的计划，阐明最终目标和执行步骤。因此，所有的期望都要白纸黑字写出来，明确目标并分配好责任。

3. 设置项目阶段

将项目按阶段进行细分，并设置阶段性计划，从而设计出通往成功的路线图，并可以让团队在必要时进行策略调节。同时，项目阶段的设计还可以向客户展示你正努力朝着目标奋进。通过各个阶段的沟通，客户会更加满意你的工作。

4. 事前沟通增加的费用

在项目的某个阶段，通过评估，你也许会决定进行一些合理的微调。这些微调可能会导致某些成本的增加，一定要跟客户明确地沟通，获得批准后，再继续进行下一步工作。一张预算外的账单会破坏建立起的良好客户关系。

5. 与客户价值主张保持一致

从价值主张上同客户保持一致，可以与客户保持愉快良好的长久合作关系。当你的价值主张与客户的公司价值主张保持一致，客户更倾向于相信你的判断，并看重你审视的角度以及解决问题的方式。

6. 积极主动反馈，但不要过快反应

不要对客户的反馈马上做出反应，相反，应当慎重考虑，权衡利弊并深思熟虑后再作出回应。下意识情绪化的反馈可能会适得其反。客户更乐意看到你彻底了解情况后，认真考虑好应对策略，最终实施并解决问题。

7. 跟进

项目完成后，要跟进客户或者总结一下哪些方面是成功的，以及哪些方面是下次能够改善的。定期跟进客户，可以确保策略和项目成果还是有效的。优秀的客户服务不只是按时按预算完成一个项目而已，还在于维护良好和成功的长期客户关系。

案例四

升华交易关系，与客户共创价值

——以肖氏银匠使用广州微粤科技小程序平台为例①

案例简介

广州市肖氏贸易有限公司，其旗下品牌“肖氏银匠”传承两百余年宫廷皇家制银工艺，沿袭“制银世家”显赫声名，同时融入了泰国先进的制银技术，在数代人的不懈努力下，“肖氏银匠”已经发展成为专业从事银饰品开发、生产、销售的连锁企业。2018 年 8 月，肖氏银匠尝试使用小程序平台卖货，搭建线上商城，目前商城只做广州地区的线上下单、线下提货商城，商城上线 3 个月，下单数 200 余单，销售额 2 万多元。

一、策划定期秒杀活动，用促销福利留住顾客

除了和其他企业差不多的常规活动以及节点活动，肖氏银匠的秘密武器就是定期组织秒杀活动。肖氏银匠的限时秒杀活动更频繁、更紧密、更具延续性，连续不断的福利大大地提高了用户的黏性。

肖氏银匠每天都会推出一款小饰品秒杀活动，例如，水晶银饰耳环 18 元秒杀，通过精美的饰品海报和极度优惠的价格，给顾客视觉和心理上的冲击，秒杀二字本身也会带给顾客一种紧张短促感，诱导顾客尽快下单。密集而频繁的秒杀活动，让用户欲罢不能。

二、线下门店引流到线上，实现长期维系用户

肖氏银匠主要是做线下门店销售，小程序商城是为了辅助线下门店，用于与老客户建立起长久联系以及吸引新客户。肖氏银匠会在各个门店放置小程序二维码，引导门店顾客扫码进入小程序商城，用秒杀活动吸引客户。活动页面如图 4－14 所示。

① 本案例由广州微粤信息科技有限公司及“肖氏银匠”提供，仅供本教材出版使用。

图 4－14 肖氏银匠活动页面

用户大多都是逐利的，有利益的地方就会有人群聚集，因此秒杀活动还是一个拉新的手段。线下门店拉新主要靠地理位置的人流量，线上拉新相对更加容易，只需一键分享就可以。

秒杀活动这个福利通过顾客的口口相传，一传十，十传百，不断为小程序商城带来新客户。由于商城的营销模式是线上下单、线下提货，这样又能把线上用户导流到线下，提高门店的客流量。在门店导购员的讲解指引服务下，刺激顾客更多的消费需求，促使客户购买店内其他商品，从而提高销售总额，做到线上线下优势互补，为企业带来更多盈利。

三、联动企业公众号运营，深度绑定用户关系

除了小程序商城外，企业公众号也是维护企业和客户关系的良好工具。用小程序商城的福利长期诱惑维系客户，用公众号发文以及不断推出新活动与客户进行关系互动，这是肖氏银匠维系客户关系的主要手段。福利和口碑能够满足客户需求，加强客户互动，可以提高粉丝黏性以及活跃度，双管齐下，实现客户物质和精神的双向满足，潜移默化地让用户真正沉淀在商家的流量池里。

五、收入来源

收入来源（revenue streams）构造块用来描绘公司从每个客户群体中获取

的现金收入。

（一）收入来源分类

一个商业模式可以包含以下两种不同类型的收入来源：

1. 通过客户一次性支付获得的交易收入

这种收入主要源自企业价值主张获得客户认知，从而转化为购买行动，它是客户购买企业产品、服务而产生的一次性直接收入。例如，中国移动公司推出购买手机的优惠活动所产生的手机销售收入、农民采摘农场蔬菜出售所获得的收入等。

2. 来自客户为获得价值主张与售后服务而持续支付费用的经常性收入

中国移动公司推出购买手机的优惠活动，要求参与优惠购机活动客户必须与公司签订使用公司话费套餐合约，由此获得客户使用手机过程中产生的话费、网络流量费等收入。获取持续的经常性收入是传统商业模式追求的目标，越来越多的商业模式把这类经常性收入作为企业收入的重点目标来源，极端但高效的做法是不惜重金“烧钱式”投入，目标就是要打造能令企业产生经常性收入的“管道”。电商行业在发展前期为快速积累用户，“烧钱圈用户”已成常态。网约专车、共享单车、电子竞技、网络直播等行业巨额“烧钱”，目的即在于透过“烧钱圈人”、透过圈定巨量的客户后产生持续的经常性收入。原因很简单，一次性交易收入虽然来得简单、快速，但因后续性、循环性收入差，长远来看所付出的广义成本往往并不低。“烧钱圈用户”的做法虽然风险巨大，但一旦成功，海量客户使用企业产品、服务及售后等产生的巨额持续的经常性收入是难以估量的，从中国移动、中国电信、腾讯、阿里巴巴等巨头乃至一家中小型电商企业的成功来看，经常性收入皆是其最重要的收入来源。

企业追求经常性收入与一次性交易收入并不矛盾，相反，两者联系密切，经常性收入往往以一次性交易收入为基础而产生，是一次性交易收入后最重要的延续。

（二）常见的收入方式

企业取得收入的形式主要有三种。

1. 资产销售收入

资产销售收入，即通过销售实体产品的所有权而获得的收入，是以商品产品所有权的转移及提供的相关劳务为依据，其主要标志是收到货款或取得收取款项的权利。在采用分期付款销售的情况下，通常以每期收到的货款作为该期实现的销售收入。对于生产周期较长的产品，通常按生产完工程度，分期确认销售收入。例如，建筑安装企业按项目施工工程进度计算的资产销售收入。

2. 使用收费收入

使用收费收入，即通过让渡资产使用权及提供相关服务收取使用费。包括如让渡现金使用权而收取的利息收入；让渡专利权等无形资产使用权而取得使用费；让渡固定资产而取得租金；进行股权投资而收取的股利收入；等等。

3. 提供劳务服务收入

劳务是无形的商品，是指为他人提供服务的行为，包括体力和脑力劳动。提供劳务往往被简单地归类为第三产业或直接叫作服务业，但随着行业的发展，此类提供劳务服务的行业已难以由某个产业加以简单界定，这一行业严格来说并非单一一个行业，而是一个跨界行业，劳务服务收入不仅是企业的重要收入项目，也是国家财政收入的重要来源，劳务服务行业的发展程度更是国家发展程度、阶段的标志。劳务服务收入的来源非常广泛，常见的主要有：建筑安装、修理修配、交通运输、仓储租赁、金融保险、邮电通信、咨询经纪、文化体育、科学研究、技术服务、教育培训、餐饮住宿、中介代理、卫生保健、社区服务、旅游服务、娱乐服务、加工服务等等。尤其是以信息技术、生物技术等新兴产业为依托而衍生的各种创新服务。

（三）收入来源的定价机制

1. 固定定价

固定定价指根据相对的静态变量而预设价格的定价。在这一定价机制下，单独产品、服务或价值主张以标示固定标价方式出售。基于不同的产品特性、不同的客户细分及客户不同的购买数量等，所标示的固定价格也会有所差异。固定定价常基于一定的行业定价习惯或约定，但所定的价格，也必须是建立在充分的市场调研基础上。严格来说，没有绝对的固定定价，只有相对的固定定价。因为各种市场要素（变量）绝大部分都是动态的，这里所说的固定定价，只是相对于以下所说的动态定价而言。

2. 动态定价

动态定价是指企业根据市场需求和自身供应能力，以不同的价格将同一产品销售给不同的客户或不同的细分客户群体，以实现收益最大化的策略。传统的动态定价方式主要包括谈判议价、拍卖定价、数量定价、收益管理定价等。随着电子商务的兴起，网上商品的销售价格不再是固定不变，动态定价已经成为网络驱动的新经济特征之一。例如，基于 B2C 电子商务环境下有形商品的各种动态定价策略，包括基于时机定价策略、市场细分与限量配给策略、动态推销策略以及动态定价策略等的综合运用。

案例五

如何让客户自掏腰包?

——以恩平山泉湾温泉酒店使用点点客小程序为例[1]

案例简介

山泉湾温泉坐落在美丽的侨乡广东恩平市大田镇朗底河边，占地约300余亩，是集温泉养生、水上运动、棋牌娱乐、休闲度假、会议观光等多种功能于一体的生态养生旅游胜地。山泉湾温泉内有30多个特色温泉泡池，是五邑首个有温泉亲水滑梯、儿童水国和大型游泳池的温泉度假区。以“健康养生”为文化底蕴，快乐、悠闲为主导，一年四季营业，亲近自然，春沐百花夏逐浪、秋浸八珍冬品泉，泡在温泉水里，别有情调。这里是现代人追求健康养生、休闲娱乐的旅游度假胜地。

随着微信用户基数不断扩大，小程序的快速崛起，越来越多的商家开始紧盯这一商业风口。山泉湾温泉也瞄准了这个机遇，与时俱进调整战略，开辟小程序电商渠道，抢占市场流量。山泉湾温泉小程序上线4个月，销售额就接近20万元，小程序给用户的购物带来极为便利的体验感，以其本身自带分享的社交属性为商家的品牌传播提供了极大的赋能。

一、启动社群营销，让用户身边的人为你宣传

微信社群的建立，能够很好地把目标用户集中在一起统一进行维护和营销。社群运营既能利用现有的用户进行转化拉新，又能稳定用户，方便商家对用户进行二次以及多次营销。山泉湾温泉初期的营销推广便是以建群的方式快速吸引客户、提升转化率。

初期每个群的人员稳定在500人左右，每个群都有机器人和管理员进行维护，通过红包奖励、物质奖励以及产品秒杀等方式激励用户，提升活跃度，并且利用群内老客户进行推广、拉新、转化。

二、粉丝“转化变现”的关键——落地小程序商城

社群用户最终需要引流到小程序平台进行转化。小程序商城要做好相关的页面引导呈现，吸引客户购买店内的相关服务，提高销售转化。小程序页面如图4-15所示。

---

① 本案例由广州微粤信息科技有限公司及恩平山泉湾温泉酒店提供，仅供本教材出版使用。

图 4－15 恩平山泉湾温泉酒店小程序页面

三、营销工具＋社群，引爆节日活动

“双十一”大促狂欢购来临之际，山泉湾温泉巧妙地结合节日效应，发起了11.11 元秒杀温泉门票（限量）的活动。这种带有噱头并且大幅让利的活动本身就自带流量，活动一推出，公众号粉丝就被瞬间点爆。紧接着，再通过微信群，利用红包奖励的方式让群内粉丝通过朋友圈分享进行裂变传播，将活动扩散出去，为“双十一”活动打了个漂亮的开门红，首批 50 张门票上线不到 2 秒就一抢而光。

温泉门票秒杀只是前期噱头，后续的经营项目才是真正获取盈利的环节。门票抢到后，住宿、吃饭等也成了客户第二个需要解决的问题；这时候，山泉湾温泉推出第二波福利——邀朋友砍价，“第二间双床水景房免费住”。为第二间享受免费入住优惠，促使已购票客户拉朋友组团参与。

在进行秒杀和砍价活动的同时，山泉湾温泉又推出第三波福利——“年卡拼团”，深度绑定用户。参与拼团活动，就能以比较优惠的价格拿到温泉年卡。

接二连三的“福利轰炸”迅速侵占了用户的心智，“双十一”当天的销售额比以往两周加起来的销售额还要高，转化老客户的同时还吸引了一大批新客户。

四、如何创造持续收入的营销活动

1. “爆品”的选取

对于山泉湾温泉来说，温泉是其主打的特色，所以利用温泉门票秒杀作为引流产品最为合适。

2. 节日的渲染

近几年来，“双十一”越来越被大家认可，成了大家心中的一个狂欢购物节。提起“双十一”，大家就会联想到打折、促销、囤货等关键词。为了结合“双十一”本身自带的特价促销节日属性，以及迎合消费者希望经济实惠的心理，山泉湾温泉推出一系列特价活动，引起大众的关注和抢购。

3. 促销产品数量以及时间设定

众所周知，物以稀为贵，稀缺的物品更能引起人们的疯抢。给促销的产品设置数量限制以及时间限定，给人们造成一种再不下手就失去良机的“急促感”。

4. 社群裂变活动辅助

除在公众号推广外，微信社群也是一个非常重要的推广渠道，它的裂变功能十分强大。在微信群推出相关活动，激励用户进行朋友圈分享转发，刺激群内的老用户去拉人参团，形成裂变营销。

六、核心资源

核心资源（key resources）使得企业组织能够创造和提供价值主张、接触市场、与客户细分群体建立关系并赚取收入。

（一）核心资源含义

企业资源是指企业在向社会提供产品和服务过程中所拥有或所控制的、能够实现其战略目标的各种要素的集合。企业核心资源则是指企业所拥有的资源要素中，企业持续拥有的、有价值的、稀缺的、不可模仿的、不可替代的、令企业获得可持续竞争优势的特异性资源，是企业在一定环境下获得持久良性生存发展力量的关键要素。核心资源可分为资产和能力两部分，资产可分为有形资产和无形资产；能力包括个人能力和组织能力。

（二）核心资源分类

1. 资产

资产可分为有形资产和无形资产，主要有：

（1）实体资产。实体资产包括动产和不动产，如生产设备、汽车、机器、系统、销售网点和分销网络等。

（2）金融资产。部分商业模式需要金融资源或财务担保，例如，现金、信贷额度或用来雇用关键雇员的股票期权池。

（3）知识资产。知识资产包括品牌、专有知识、专利和版权、合作关系和客户数据库等。知识资产日益成为强健商业模式的重要乃至关键组成部分。知识资产的开发不容易，但一旦开发成功，有可能带来巨大而长久的收益。

2. 能力

（1）个人能力。个人能力资源或称人力资源是所有资源要素中最活跃的因素。就某些智慧型商业模式而言，人力资源显得更加重要，其商业模式往往基于一批经验丰富的知识型人才而生存发展。

（2）组织能力。在企业各种资源要素中，企业的组织能力作为一种非物质性无形资源，是一种主动性资源，它将企业各种实体与非实体资源组织成为一个完整、互补的有机整体，发挥资源有效整合的关键作用。一个企业拥有优秀的人才、先进的技术、优质的产品、完善的销售网络，其实这些都是被动性核心资源，企业需要具备良好的组织管理能力，才能将这些资源进行有效整合，形成企业长盛不衰的核心竞争力。

案例六

百年老字号品牌资源积累，沉淀线上忠实用户粉丝

——以陶陶居人人店为例①

案例简介

陶陶居，始于1880年（清光绪六年），距今已有139年历史，是广州饮食业中的老字号之一，也是广州最有名气的茶楼之一，一直是各方文人雅士、名人商贾聚首之地。1993年被国家授予“中华老字号”称号，1998年经国家国内贸易局批准为“国家特级酒家”，2005年6月被列为广州市登记保护文物单位。

陶陶居人人店于2016年上线，依靠陶陶居公众号发文进行粉丝维护，并通过一年当中各大传统节日：端午粽子节、中秋月饼节、过年年货节等推出系列活动进行线上营销，迄今营业额已超过70万元。

一、充分利用陶陶居品牌力量为线上人人店持续输送粉丝用户

陶陶居扎根于广州，其中在广州开设13家线下门店、深圳1家、厦门1家。最初仅有线下实体店渠道，品牌传播及产品销售也只局限在线下门店区域范围内。由于近年来互联网电商的兴起，陶陶居也加入了“互联网+”的大浪潮，入驻了电商平台。其间，虽然销售渠道范围扩大了，但耗费巨大代价获

① 本案例由广州微粤信息科技有限公司及陶陶居提供，仅供本教材出版使用。

取的流量却无法有效沉淀和转化，直到陶陶居引入“人人店”的新媒体营销模式才将线上渠道打通。

陶陶居酒家制作广式月饼技术力量雄厚，已有百年经验，尤以生产月饼著称，最著名的是“陶陶居上月”，被誉为“月饼泰斗”，这与其制作的广式月饼包装精美、品质优良而深受消费者的喜爱分不开。陶陶居还荣获“金鼎奖”及“中国名牌月饼”称号。

作为广州本土百年老字号企业，全国各地来粤旅客都会特意去陶陶居购买特产。在线下购买产品后，大多用户为了方便再次购买，会在微信公众号搜索“陶陶居”官方店，关注公众号陶陶居即可获取陶陶居官方手信的最新消息，这样便为人人店源源不断积累了粉丝用户。之后，再通过社交分享、传播的过程中将流量、用户粉丝真正掌握在自己手中。陶陶居实体店排队购买如图4－16所示。

图4－16　陶陶居线下实体店排队购买

二、根据特色的传统节日，丰富产品路线

为了满足客户的节日送礼需求，陶陶居在中国的传统大节日里的前后推出丰富的产品，诸如端午节的粽子系列，中秋节的月饼系列，年货里的腊肠、大盆菜、笑口枣、鲍鱼形酥、酥角等等；还有常年销售的广府美味、礼盒，种类丰富，任由客户选择。陶陶居年货大盆菜如图4－17所示。

图 4－17　陶陶年货大盆菜

三、借助多种活动形式，将核心产品资源价值更大化

陶陶居产品因其口味极佳，深得用户喜爱，非常畅销，所以只要有活动，线上用户都会“疯抢”。例如，临近过年，送礼需求非常庞大，可运用“人人店”的阶梯购、满减优惠、买一送一的活动来刺激客户的消费欲望。参与阶梯购的客户，还可以通过分享给好友或者朋友圈的朋友来拼团，获得更大的优惠。此活动，在提高陶陶居粉丝的互动性之余，也极大增加了商城的销量，同时将陶陶居的品牌辐射至更多人群，一举三得。陶陶居年货节拼团、秒杀、阶梯购、满减活动、买一送一等活动页面如图 4－18 所示。

图 4－18　陶陶居商城活动页面

七、关键业务

（一）关键业务含义

关键业务（key activities）是指为客户实施的基本的体力或脑力活动，即"我主要做什么"。在商业画布中，关键业务构造模块用来描绘为了确保其商业模式可行，企业必须做的最重要的事情。任何商业模式都需要多种关键业务活动，这些业务是企业得以成功运营所必须实施的最重要的动作。正如核心资源一样，关键业务也是创造和提供价值主张、接触市场、维系客户关系并获取收入的基础。

（二）关键业务分类

关键业务会因商业模式的不同而有所区别。例如，对于微软等软件制造商而言，其关键业务包括软件开发；对于戴尔等电脑制造商来说，其关键业务包括供应链管理；对于麦肯锡咨询企业而言，其关键业务包含问题求解。

关键业务可以分为以下几类：

（1）制造产品（production）。涉及生产一定数量或满足一定质量的产品，与设计、制造及发送产品有关。

（2）问题解决（problem solving）。这类业务指的是为个别客户的问题提供新的解决方案。咨询公司、医院和其他服务机构的关键业务是问题解决。它们的商业模式需要知识管理和持续培训等业务。

（3）平台/网络（platform/network）。以平台为核心资源的商业模式，其关键业务都是与平台或网络相关的。网络服务、交易平台、软件甚至品牌都可以看成是平台。

克雷格列表网（Craigslist）是著名的分类广告网，负责为求职者和找房人发布分类广告，方便网站成员互相联系，以及提供产品和服务的买卖或交易。克雷格列表网在全球70个国家推出了700个网站，每月发布的招聘信息超过100万条，这个只有30人的公司每年创造的销售收入超过1亿美元。而克雷格列表网最关键的业务其实是开发维护其平台。

案例七

攻破三大关键业务，分享纯天然手工护肤品成长之路

——以“小城手作”为例①

案例简介

小城手作，是一个崇尚自然护肤的生态护肤品牌，隶属于小城生活日用品有限公司，主要经营润唇膏、面霜等护肤品。小城手作始终秉持成分天然、纯净、零添加的精神，致力于为东方女性尤其是孕妇打造一系列天然纯净主义护肤品，深受女性消费者追捧。

小城手作以“零添加”以及秉持“自然就是美”的经营理念在护肤界扎下深厚根基，在护肤的道路上为帮助万千女性摆脱激素困扰的伟大的理想而坚持不懈、砥砺前行。产品的用户体验感极好，复购超过95%以上。

一、手工作坊DIY护肤品，你的皮肤你做主

小城手作创始人在早期深受化妆品激素成分之害，所以开始思考：有没有纯植物洗护替代品呢？创始人根据自己多年激素困扰皮肤的痛苦，为让万千女性能正确使用护肤品，通过寻访国内外多位皮肤专家，一次次翻阅关于皮肤护理的资料，远赴我国云南和香港、台湾地区，到处找最好的植物原料，终于找到了纯天然手工制作护肤品的方法。通过把自然提取的天然原料和皮肤科学结合在一起，运用独有配方，开发了充分利用自然植物成分，激发皮肤固有的潜在能量，解决多种皮肤问题的无刺激护肤品。

小城手作团队卖的不仅仅只有产品，还有产品制作方法，公开配方，让用户共同参与DIY制作，寓买于乐。产品的生产脱离传统工厂加工式生产，源自大众，售之于大众，消费者的护肤品，消费者做主。从采摘开始全由手工完成，包括植物的选择、采摘、提取，到最后生产全部人手完成。授人以鱼，不如授之以渔。通过教会消费者透彻了解自己的皮肤状态与肤质的变化，从身心的角度出发，设计出最适合自己的手作护肤品。小城手作用户参与制作场景如图4－19所示。

---

① 本案例由广州微粤信息科技有限公司及小城手作提供，仅供本教材出版使用。

图 4-19 小城手作用户参与制作页面

二、用“能吃的”护肤品，让分销商无后顾之忧

(一) 解决孕妇“护肤+赚钱”的问题

作为一个准妈妈，保护肚里的孩子是重中之重，所以很多孕妇都很谨慎使用化妆品，甚至孕期都不使用化妆品。但同时准妈妈也担心生了个娃以后，黑色素沉积、脸上长褶子，变老变丑……，所以还是很期待能在安全范围内可以好好保养皮肤。小城手作基于专属的孕妇洗护配方，取材天然植物，制作材料甚至可以直接食用，让孕妇放心的产品。

同时，小城手作还提供分销平台，让孕妇可以通过分享自己的参与制作和使用产品的过程，取得那些同样重视孕期保养的孕妇的认可，从而共同参与。这种蒲公英式的传播方式只要遇到土壤，就会生根、发芽、裂变，一个孕妇粉丝变成十个，十个变成一百个……然后快速地转化为流量、收入、销售网络。而参与分享的推客孕妇，则可以坐享交易佣金，丝毫不会有为移动电商刷屏的尴尬。

产品原料采集以及检测场景如图 4-20 所示。

图 4－20　小城手作原料采集以及检测页面

（二）明星效应加持让分销商成交更容易

以下这些明星，都是小城手作多年的好友，一直参与和使用小城的产品，如图 4－21 所示。

图 4－21　小城手作产品使用明星

三、打造线上小程序商城，开发“一城一遇”分享会

（一）线上商超店，一键开分店

线下到线上，小城手作第一个要解决的就是线上开店以及构建线上连锁体

系。微粤小程序商城拥有一键开店工具，支持深度自定义装修、商品管理、订单管理及物流管理，完美解决了小城手作开店需求。

分销商一键复制总店，便可完成自有店铺的搭建。分销商可囤货及支持一件代发，总店负责发货及售后，分销商只负责分享及销售。小程序分销商城如图 4－22 所示。

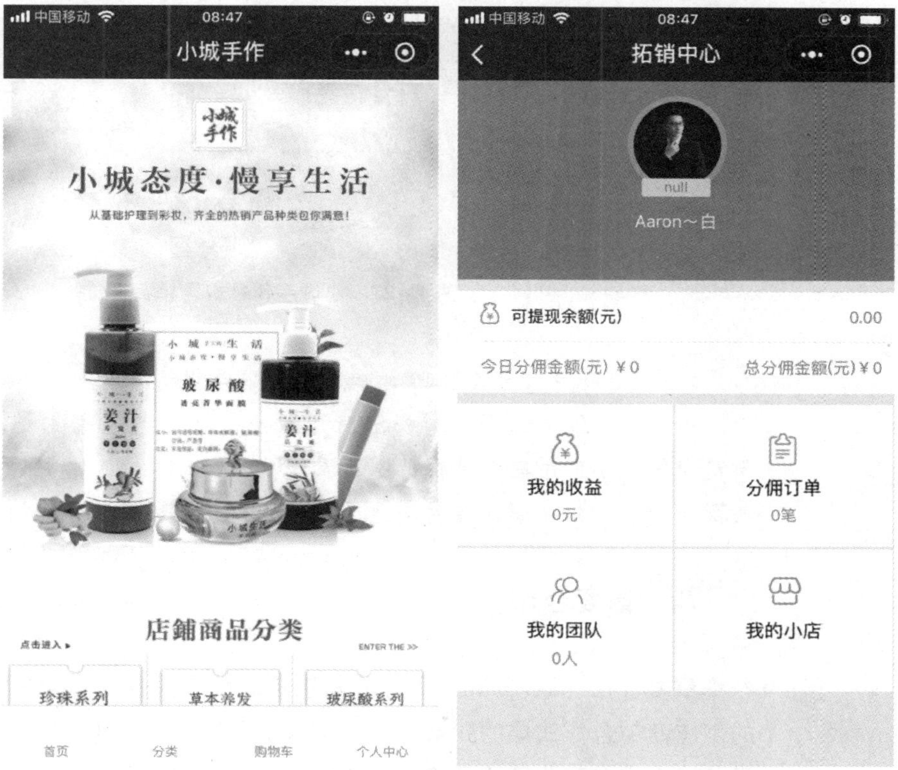

图 4－22　小城手作小程序分销商城

（二）社群营销，老客带新客，联创带 VIP 快速裂变

小城手作利用线下手工作坊“一城一遇”的模式进行种子客户培养和拓展，再通过社群将用户聚集到一齐，让小城手作能够高频次地与新老用户进行沟通互动，长期交流经验和培养品牌感情，增强了用户黏性。

线上商城分佣的利益共享机制，激活了老用户的积极性，让其能够主动分享传播，成为小城手作的推客或 VIP 来开“分店”。一个个“分店”的建立，占据了每一个小城手作的潜在用户群，并不断扩散裂变，小城手作社群运营如图 4－23 所示。

图 4－23　小城手作社群营销页面

（三）线下手工坊分享沙龙辅助线上平台营销

小城手作借助线下渠道资源，开创“一城一遇”手工坊，公开产品原材料及配方，手把手教会员自己制作看得见、“可以吃”的护肤品，成功让线下人群转为线上分销商，辐射周边区域人群，最终形成庞大的社交分销系统。

八、重要合作

重要合作（key partnerships）构造模块用来描述让商业模式有效运作所需的供应商与合作伙伴的网络。企业会基于多种原因打造合作关系，合作关系正日益成为许多商业模式的基石。很多公司通过创建联盟来优化其商业模式、降低风险或获取资源。

（一）合作关系的四个类型

（1）在非竞争者之间的战略联盟关系。

（2）竞合：在竞争者之间的战略合作关系。

（3）为开发新业务而构建的合资关系。

（4）为确保可靠供应的购买方—供应商关系。

20 世纪 80 年代，美国零售商和制造商之间分享的信息很少。宝洁公司和沃尔玛的合作彻底改变了这一局面，他们合作的具体形式是：双方企业通过电子数据交换（EDI）和卫星通信实现联网，借助于这种信息系统，宝洁公司除了能迅速知晓沃尔玛物流中心内的帮宝适纸尿裤库存情况外，还能及时了解纸尿裤在沃尔玛店铺的销售量、库存量、价格等数据，这样不仅能使宝洁公司及时制订出符合市场需求的生产和研发计划，同时也能对沃尔玛的库存进行单品管理，做到连续补货，防止出现商品结构型机会成本，而沃尔玛则从原来繁重的物流作业中解放出来，专心于经营销售活动，同时通过EDI从宝洁公司获得信息，及时决策商品的货架和进货数量，并由制造商管理库存（MMI）系统实行自动进货。这种供应链管理中的战略合作伙伴关系的建立，使合作的双方充分发挥了各自的资源优势，创造出特殊价值的关键业务，较大程度提升了市场竞争力。

（二）创建合作关系的动机

1. 商业模式的优化和规模经济的运用

伙伴关系或购买方—供应商关系的最基本的形式，是能够优化资源和业务配置，优化的伙伴关系和规模经济的伙伴关系通常会降低成本，而且往往涉及外包或基础设施共享。

2. 风险和不确定性的降低

伙伴关系可以帮助减少以不确定性为特征的竞争环境的风险，竞争对手在某一领域形成了战略联盟而在另一个领域开展竞争的现象十分常见。

3. 特定资源和业务的获取

越来越多的企业依靠其他企业提供特定资源或执行某些业务员活动来扩展自身能力，这种伙伴关系可以根据需要，主动地获得知识、许可或接触客户，如保险公司可以选择依靠独立经纪人销售保险，而不需要发展自己的销售队伍。

案例八

用对合作模式，周边游也能做成上千万生意

——以悦逍游入驻移动微信端为例①

案例简介

广州悦逍游旅行社有限责任公司（下称：悦逍游）在互联网经济下，借助移动微信端打造自己的微信公众旅游平台，以帮景区、门店等线下吃喝玩乐场所策划推广活动所产生的销售差价为基础商业模式，同时通过个人用户裂变、流量渠道拓展、与竞争同行之间的战略合作，实现产品的裂变销售和产品结构的多样化。2017年7月上线至今，已经实现1000多万元的销售额，个人分销商5000多人，固定合作渠道合计47个，约1000万粉丝，战略合作同行约154家。

① 本案例由广州微粤信息科技有限公司及广州悦逍游旅行社有限责任公司提供，仅供本教材出版使用。

一、线下策划与系统闭环

通过与线下游乐场所门店洽谈，根据其需求和周边环境策划打包特价抢购爆品，例如，亲子票一大一小、两大一小的家庭票，9.9 元兑换 100 元的餐饮代金券，以及著名景区深圳世界之窗、锦绣中华、欢乐谷、东部华侨城等 9.9 元、19.9 元、29.9 元、39.9 元的夜场票。活动页面如图 4－24 所示。

图 4－24 悦逍游活动页面

产品打包至悦逍游系统后，通过与景区系统对接或直接使用悦逍游商家端实时打通数据并完成线下接待流程。

二、拓展渠道流量

悦逍游上线以来，针对产品自身低价优惠、地域性明显的定位，通过微粤科技新媒体渠道，积极拓展交通客运领域的地域公众服务号，将销售差价大部分利润让给合作号主体，使其达到粉丝变现的目的，同时也在短时间内快速提高了悦逍游的产品销量和线下游乐场所门店的产品曝光量。目前在整个活动产品销售过程中，渠道的合作销售增值占了总销售额的 60% 以上。目前悦逍游已经跟珠三角 18 家当地的交通客运集团达成战略合作。合作商家页面如图 4－25 所示。

图 4－25 悦逍游战略合作商家页面

三、发展个人分销商

为了加快平台活动产品的销售裂变，悦逍游利用自身旅游系统发展个人分销商，将大部分体验过悦逍游平台特惠产品的忠实粉丝发展成平台分销商，将大部分销售差价让利给个人分销商，促进他们积极在个人微信朋友圈、微信聊天群进行分享，从而实现平台导流与销售量的增长。个人分销合作页面如图 4－26 所示。

图 4－26 悦逍游个人合作商家页面

四、同行竞争与合作

对于任何一家旅游企业来说，产品地直线对接与打包不仅速度慢、效率低、受地域限制严重，还需要投入大量的人力、资金和承担更多的打包风险成本。同时所打包的产品不能更好更快地销售出去，此时与原本是竞争关系的同行联合起来是一个绝佳的方法。

悦逍游通过不断与同行交流与沟通，至今促成与154家同行合作，同行打包的旅游产品按照同行战略成本给悦逍游，由悦逍游的销售渠道分发出去，此举不仅帮助同行增加了一个十分有利的销售渠道，也丰富了悦逍游的产品线，提高了悦逍游获品效率，降低了商业投入成本。

同时，悦逍游打包上线的产品也因此多了154家原本是竞争关系的优质同行渠道。

五、异业联合与竞争

由于悦逍游平台定位是以广东省内邻近的各个城市游玩为主，广东省内的周边游以珠三角城市为主，旅游产品的数量和质量较为单一，因此平台有了一定数量基础的粉丝后，以扩充产品种类为主，基于平台粉丝属性，悦逍游找到了当地美食号，帮他们分销他们洽谈得来的美食代金券，同时也去洽谈美食券供应给当地的美食号，悦逍游跟当地的美食号既是产品上的联合关系，也是用户端的竞争关系。

九、成本结构

商业画布中成本结构（cost structure）构造块用来描述运营一个商业模式所引发的所有成本。这个构造块用来描绘在特定的商业模式运作下所引发的最重要的成本。创造价值和提供价值、维系客户关系以及产生收入都会引发成本。这些成本在确定关键资源、关键业务与重要合作后可以相对容易地计算出来。

在每个商业模式中成本都应该被最小化，低成本结构对于某些商业模式来说比其他要素更重要。因此，需要区分两种商业模式的成本结构类型，即成本驱动和价值驱动（许多商业模式的成本结构介于这两种极端类型之间）。

（一）两种商业模式成本结构类型

1. 成本驱动

这种商业模式侧重在每个地方尽可能地降低成本。这种做法的目的是创造和维持最经济的成本结构，采用最低价的价值主张、最大程度自动化和广泛外包。例如，可口可乐公司拥有可乐、雪碧、芬达等多产品，当新产品开发出来后，就可以利用可乐等优势产品已经建立的销售渠道以较低的成本快速进入市场，共享可乐这一业务单元的销售渠道，降低新产品的销售成本。又如，春秋航空公司抓住了商业飞行的本质，抓住了顾客的核心或本质需要，为消费者提供低票价、有限服务，同时也是中国经营最为成功的低成本航空公司，采取的是总体成本领先的经营策略。

2. 价值驱动

有些公司不太关注特定商业模式设计对成本的影响，而是专注于创造价值。增值型的价值主张和高度个性化服务通常是以价值驱动型商业模式为特征。例如，奥克斯充分瞄准年轻化、时尚化、品质化用户群体的刚性需求，以AYA系列为代表的高性价比变频精品为主导，在低价战硝烟弥漫的空调市场上，成功开辟出以高性价比变频精品、明星“泛代言”创新营销抢占新通道。这种以明星泛代言的差异化营销为手段，以“品质是基石、创新是灵魂”的极客精神为主线，撬动了空调市场从低价格战向差异化价值战升级转型。

（二）成本结构的特点

在商业模式中，成本结构具有以下特点：

1. 固定成本（fixed costs）

固定成本是不受产品或服务的产出业务量变动影响而保持不变的成本，例如，薪金、租金、实体制造设施。有些企业，如那些制造业的公司，是以高比例固定成本为特征的。

2. 可变成本（variable costs）

伴随商品或服务产出业务量而按比例变化的成本。如一定期间的产量增大时，原材料、燃料等的消耗会按比例相应增多。

3. 规模经济（economies of scale）

规模经济，又称“规模利益”，即大规模生产导致的经济效益，在一定的产量范围内，随着产量的增加，平均成本不断降低。例如，企业采用先进工艺，设备大型化，专业化，实行大批量生产，可降低单位产品成本和设备投资，实行大批量生产方式，有利于实现产品标准化、专业化和通用化（通常称产品的“三化”），提高产品质量，降低能耗和原材料消耗等各种物耗，促进技术进步，从而取得显著的经济效果；又如，若干工厂通过水平和垂直联合组成的经营实体，不仅可带来单位产品成本、物耗降低，取得“全产品生产线”的效益，降低销售费用，节省大量管理人员和工程技术人员成本，还可使企业有更多的资金用于产品研制与开发，使其具有更强的竞争能力。

4. 范围经济（economies of scope）

范围经济是指企业通过扩大经营范围，增加产品种类，经营两种或两种以上的产品而引起的单位成本的降低。与规模经济不同，它通常是企业或生产单位从生产或提供某种系列产品（与大量生产同一产品不同）的单位成本中获得节省，而这种节约来自分销、研究与开发和服务中心（如财会、公关）等部门。如银行业也存在范围经济，扩大银行业务范围，允许银行适度混业经营，可以提高银行的收益率和绝对收益水平。研究也证明，混业经营的银行比分业经营的银行更不容易倒闭。

案例九

打破传统，农产品“产地直达消费者”减少中间商成本

——以御手信移动电商商城为例①

案例简介

御手信坐落广东广州增城，这里土特产丰富，是优质荔枝等农产品的生产基地。地理位置优越，天然环境得天独厚，不仅为生产优质产品提供了丰富的粮源和便利的运输条件，也为公司可持续发展奠定了坚实的基础。在发展过程中，引进先进的生产设备和检测设备，结合当地传统的杂粮食品制作工艺，以“优质、传统、特色、营养、绿色、健康”为宗旨，为广大消费者提供高品质的土特产。

2015 年移动商城正式上线，御手信借助移动商城三级分销系统拓宽移动端销售渠道，采用线上社交裂变营销手法让绿色食品从产地直达用户，以巩固其在行业内的领先地位。

一、减少中间商，降低供应成本，开辟线上移动社交电商渠道

作为一个传统区域性土特产企业，御手信不断适应市场变化，积极探索运营模式。早期绿色农产品销售，需通过菜农到批发市场，再到区域分发商，最后才到菜市场，再到消费者手上，层层中间环节，最终到消费者手上，成本上翻好几倍，菜农卖不上好价格，消费者买不到实惠的货。

针对农产品市场这一痛点，御手信与时俱进地调整市场战略，以微粤科技移动商城为开辟移动电商渠道的主要发力点，通过社交裂变营销方式，开拓销售新模式，降低成本，增加销售量。

二、利用营销工具发挥强大引流功能引爆单品，壮大营销规模

2016 年 12 月 31 日，御手信移动商城上线特色产品“迟菜心”。上线第一天，为推广新店，立马运用“限时秒杀”和“拼团”两款营销工具发起“增城迟菜心 0 元秒杀”和“迟菜心 100 人大拼团”两大促销活动。“优质的产品 + 实惠的价格 + 强大的传播工具”使得御手信移动商城在微信朋友圈实现裂变式传播，打了个漂亮的“开门红”。

拼团活动开始仅 2 小时，就有 300 人参团；0 元秒杀开始不到 5 分钟，100 份迟菜心被一抢而空。御手信移动商城上线第 1 天，1 小时订单量突破 1000

① 本案例由广州微粤信息科技有限公司及御手信移动电商商城提供，仅供本教材出版使用。

份，招募到分销商500余人。活动页面如图4－27所示。

图4－27　拼团活动界面

三、以点带面，单品带动周边产品营销，扩大业务范围

通过迟菜心活动，用特色“特惠价”产品吸引客户低成本尝试平台产品，然后迅速带出花生、坚果、荔枝酒等其他周边农产品。周边产品上线页面如图4－28所示。

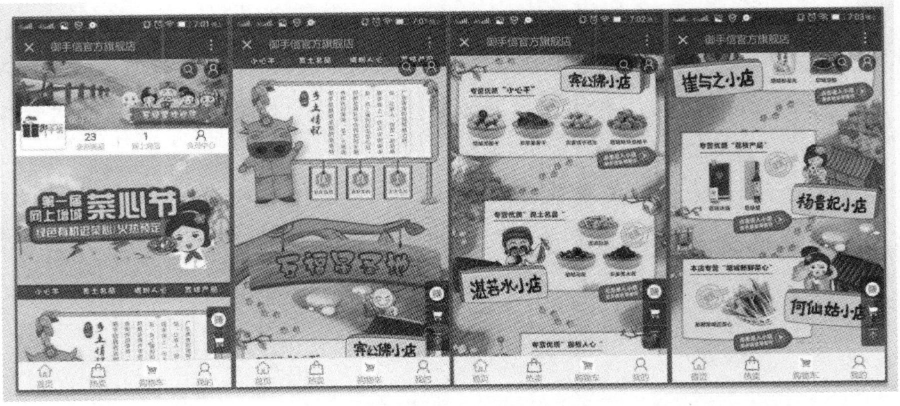

图4－28　周边产品上线

四、如何利用三级分销工具结合社交裂变营销手段打通整条链路

（一）产品选择

选择“迟菜心”这款特色产品作为主推款，用低价来吸引客户低成本尝试产品。

（二）时间设置

一般建议为期1天，可以周期性举行（每月进行1次），在这1天分时段定量推出，有利于维持热度（如御手信在14:00、16:00、18:00、20:00、22:00这5个时间段，开始整点秒杀）。

（三）活动发布

一般建议提前1～3天发布图文进行预热，说明参与规则和活动时间以及链接或二维码；活动当天第一轮结束后，再发一篇图文进行报道和助推。预热发文如图4－29所示。

图4－29 预热推文活动发布

（四）活动推广

除了本身“0元”的吸引之外，分销商、内部员工、微信群都可以被利用起来做推广和传播。建议在当天活动开始之前30分钟，大规模进行朋友圈/微信群推广。

（五）关联销售

活动页面要做好关联销售，一来是引导客户逛店铺，二来是引导客户购买其他同类优惠产品。

第三节

商业模式式样

所谓的商业模式是企业根据自己的战略性资源，结合市场状况与合作伙伴的利益要求，设计的一种商业运行组织。这种商业运行组织一般会涉及供应商、制造商、经销商、终端商以及消费者等的综合性利益。因此，商业模式是一种多赢价值体系下，主导企业的一种战略性构思。我们用商业模式构造块来描述商业模式，这些不同的商业模式称为商业模式式样。我们把商业模式式样分为五种：非绑定式商业模式、长尾式商业模式、多边平台式商业模式、免费式商业模式和开放式商业模式。

一、非绑定式商业模式

约翰·哈格尔和马克·辛格认为，企业是由具有不同的经济驱动因素、竞争驱动因素和文化驱动因素等完全不同类型的业务组成，可分为产品创新型业务、客户关系型业务和基础设施型业务。他们认为，产品创新型企业应专注产品领先，速度是关键，要以员工为中心，鼓励创新文化；客户关系型企业应坚持亲近客户价值信条，范围经济是关键，寡头占领市场，保证“客户至上”的文化氛围；基础设施型企业应关注于卓越运行，规模是关键，寡头占领市场，特别关注成本。而企业应分离这三种业务，并在企业内部聚焦这三种业务之一。这就是我们所说的非绑定式商业模式。

移动电信行业企业将其业务拆分就是这种非绑定式商业模式的典型。以前，传统的电信运营商之间的竞争围绕着网络质量，但是现在它们更突出与竞争者共享网络，或将网络运营全部外包给设备制造商。为什么？因为它们意识到自己的核心资产不再是网络，而是它们的品牌及客户关系。下面我们通过画布来深层次地了解在非绑定式商业模式下的移动电信行业，如图 4－30 所示。

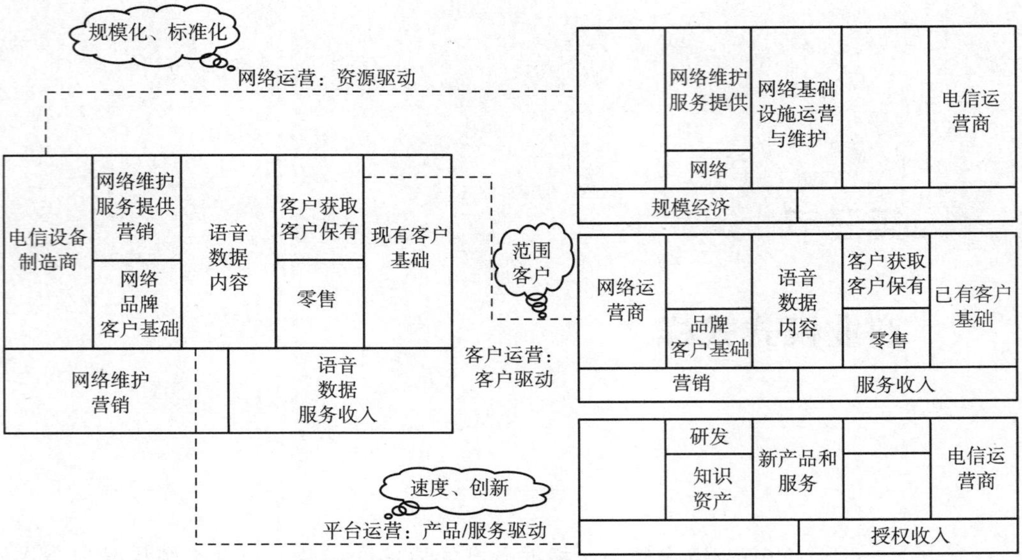

图 4－30　非绑定式商业模式下的移动电信行业

网络运营模块外包给电信设备制造商，他们可从规模经济中获益，并可以更低的成本运营网络。

在客户运营/客户驱动模块，客户关系成为业务分拆后的电信运营商的核心资产与核心业务，获得大规模的客户份额，范围经济是关键。

在平台运营/产品驱动模块，电信运营商与大量第三方（如内容供应商）在创新技术、新服务和媒体内容上合作，创新和速度是关键。

二、长尾式商业模式

“长尾”这个概念是《连线》杂志（*Wired*）主编克里斯安德森（Chris Anderson）在 2004 年提出。长尾式商业模式就是为利基市场（niche market）提供大量产品，每种产品相对而言卖得都少，但销售总额可以与传统面向大量用户销售少数拳头产品的销售模式媲美。核心是“多样少量”。利基内容供应商是这个模式的重要伙伴，核心资源是平台，关键业务包括平台开发和维护、利基内容获取和生产。通常会基于互联网作为客户关系或交易的平台，主要成本是平台开发和维护（包括线下的物流）。

以媒体行业的微电影为例，因为三个经济激发因素而引发了这种商业模式。一是生产工具的大众化。有兴趣的普通人已经可以很容易找到拍摄微电影的工具。二是分销渠道的大众化。互联网使得数字化的内容可以分发成为商品，而其基本无库存、沟通成本低、交易费用少，开拓市场容易。三是连接供需双方的搜索成本不断下降。微电影能有市场，关键在于找到有需求的潜在买家。现在强大的搜索、推荐引擎、用户评分、兴趣社区已经让这些容易多了。这也演化成为 Web 2.0 时代的 UGC，使用者分享，使用者获利。典型应用又如：中国移动的“G 客 G 拍”①，只要是原创内容，都可以上传影片到活动专区；这部分的视频会上载到中国移动“手机视频”业务区，观看者付费点播的 20% 归创造者所有。移动端又如抖音 App，抖音是一款可以拍短视频的音乐创意短视频社交软件，该软件于 2016 年 9 月上线，是一个专注年轻人音乐短视频社区。用户可以通过这款软件选择歌曲，拍摄音乐短视频，形成自己的作品，帮助大众用户表达自我，记录美好生活，应用人工智能技术为用户创造丰富多样的玩法，让用户在生活中轻松快速产出优质短视频。

在线拍卖网站 eBay 也是长尾商业模式的典型应用，基于数量庞大的用户群交易小额非热点商品而成功。用商业模式画布描绘 eBay 的长尾商业模式，如图 4－31 所示。

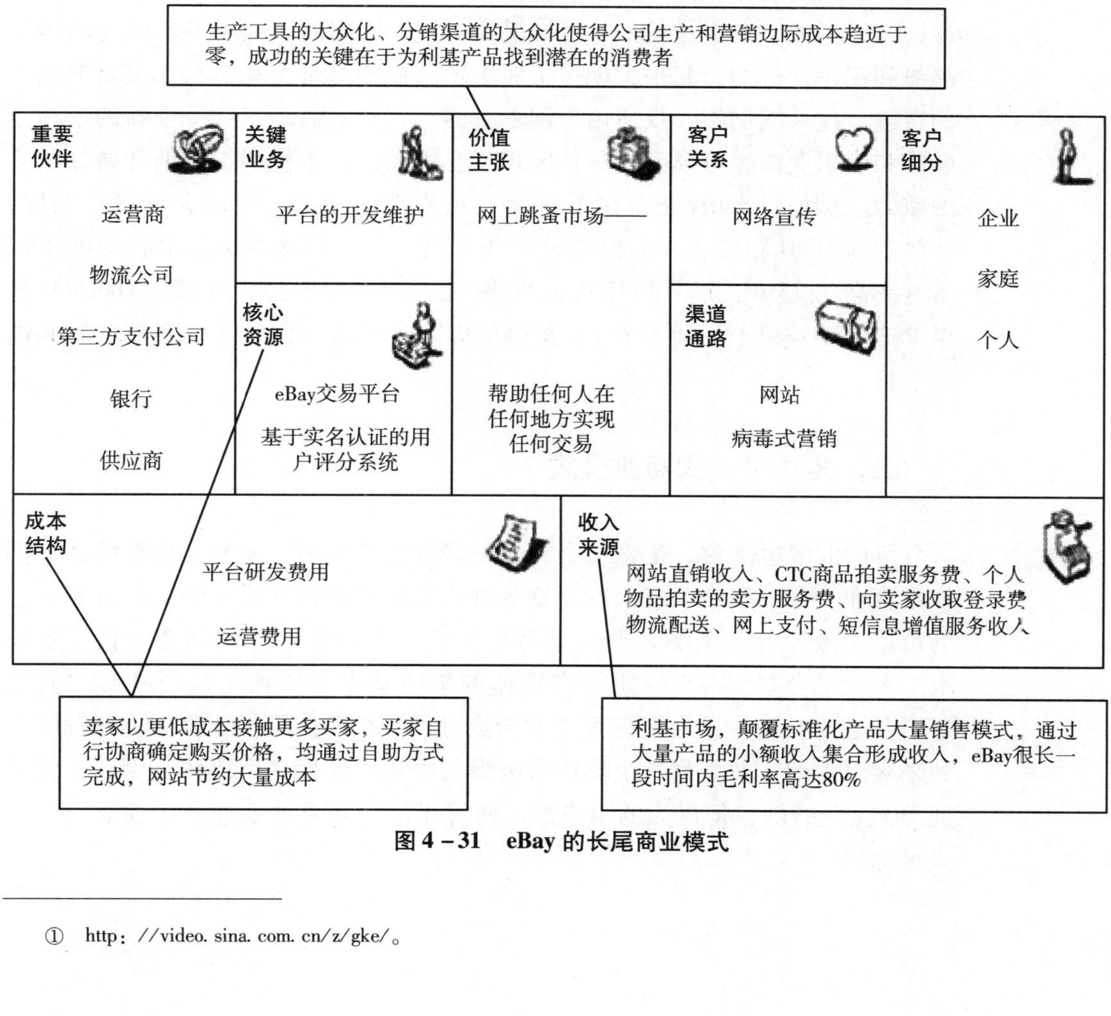

图 4－31　eBay 的长尾商业模式

① http：//video. sina. com. cn/z/gke/。

我们不妨用另一个案例来了解长尾的力量。

1988 年，英国登山家乔辛普森（Joe Simpson）写了一本名叫《触摸巅峰》的书，该书讲述了在秘鲁安第斯山脉发生的一次与死神擦肩而过的登山事故。这本书颇受好评，但不太畅销，并很快就被人们淡忘了。可十年后，有趣的事发生了。乔辛普森写的另一部描写登山悲剧的书《进入稀薄空气》成了畅销书，突然间读者又开始对《触摸巅峰》产生了兴趣。为满足读者要求，兰登书屋（Random House）立刻再版该书。图书销售商把《触摸巅峰》放在《进入稀薄空气》旁边来促销，《触摸巅峰》越卖越火。来年一月，该书的简装版再版，并连续高居《纽约时报》畅销书排行榜 14 周之久。同月，IFC 制片公司出品了以该书为背景的纪实片，备受好评。到今天《触摸巅峰》的销售量超过《进入稀薄空气》一倍还多。到底发生了什么呢？简单地说，是亚马逊（Amazon）的推荐造成了这个现象。网上书商亚马逊的软件注意到不少喜欢《进入稀薄空气》的读者也喜欢《触摸巅峰》，就向购买《进入稀薄空气》的所有读者推荐《触摸巅峰》，读者接受了推荐，并且真的觉得这本书很好。一时间，网站的留言里好评如潮，销量因此进一步增加，这就带来了更多的好评，于是形成了一个正反馈。亚马逊通过把无限多的产品种类、实时的购买趋势和用户评价结合起来，创造了一个把《触摸巅峰》由绝版书变成畅销书的奇迹。这一案例不仅仅适用于网上书商，它其实揭示了一个全新的适用于媒体和娱乐业的经济模型——长尾式商业模式。这个模型正渐渐开始显示它的威力。例如，Netfix 是美国最大的在线影院出租商，采用会员付费制度，凭借邮递 DVD 影碟和线上租借影片两种模式，在美国电影租借行业的市场占有率高达 75%，每月最低只要 8. 99 元，即可在电脑、电视、Xbox360 甚至 PS3 的游戏机上，通过 Netfix 提供的即时观影服务，欣赏上万部电影和电视节目。

三、多边平台式商业模式

所谓的多边平台，是将两个或者更多有明显区别但又相互依赖的客户群体集合在一起的平台。每个客户细分群体之间都是相互依存的，并且有自己的价值主张和收入来源。平台成为这些客户群体的中介来创造价值。事实上，多边平台对于某个特定用户群体的价值基本上依赖于这个平台“其他边”的客户数量。平台运营商通常会通过为一个群体提供低价甚至免费的服务来吸引他们，并依靠这个群体来吸引与之相对的另一个群体。例如，腾讯的 QQ 是免费的，但巨大的用户群，使得无论它开发什么业务，都能找到收入来源。

多边平台模式的核心资源是平台，关键业务通常是平台管理、服务提供和平台推广。其价值主张通常在三个方面创造价值：第一，是吸引各用户群体；第二，是作为客户细分群体的媒体；第三，则是在平台上通过渠道化的交易来降低成本。

例如，谷歌提供免费的业务（如搜索服务、谷歌地图）吸引更多的用户，提升了对广告主的吸引力，从广告主这里获得收入。核心的资源是搜索平台，价值主张是“能从内容（流量）中挣钱”，三个关键业务可以定义为：建设和维护搜索基础设施；管理三个主要客户细分群体（新用户、内容拥有者、广告主）；向新用户、内容拥有者和广告主推广其搜索平台。

苹果公司从 iPod 到 iPhone 的产品线演进突出了该公司向强大平台商业模式式样的转型。iPod 是一台独立的设备，相反，iPhone 演变成了一个强大的多边平台，通过其应用商店（App Store），苹果公司可以控制在这个平台上的第三方应用程序。苹果公司在 2001 年推出了一款独立产品 iPod，用户可以将 CD 中的音乐和因特网上下载的音乐拷贝到 iPod 中，iPod 成为用于存储不同来源音乐的技术平台。2003 年，苹果推出了 iTunes 音乐商店，并与 iPod 紧密集成到一起，该音乐商店允许用户以一种非常方便的方式购买和下载数字音乐，它是苹果公司在开拓平台效应上的第一次尝试。而 iTunes 本质上把音乐版权商和听众直接连接在一起，这个战略使苹果公司跃升成为当今全球最大音乐零售商。2008 年，苹果公司为十分流行的 iPhone 推出了自由应用商店（App Store），巩固了自己的平台战略。应用商店允许用户直接从 iTunes 商店那里浏览、购买和下载应用程序，然后把它们安装到自己的 iPhone 上。所有应用程序开发商的应用程序都必须通过应用商店渠道来销售，苹果公司在每单应用程序的销售上提取 30% 的版税。用商业画布来描述苹果公司多边平台式样，如图 4－32 所示。

创造性地从单边经营模式转变成多边平台的例子是日本东京地区最大的铁路运营商东日本旅客铁路公司（JR East）。2001 年 11 月，JR East 在其交通卡内嵌入了索尼公司提供的名为 FeliCa 的非接触技术，旅客只需刷交通卡即可快速进出。这种“超级城市智能卡”很受欢迎，至 2003 年 6 月持卡人数达 650 万人。从 2004 年春季开始，JR East 不断说服站内或周边商户（便利店、咖啡屋、餐馆）安装非接触式读卡器，这样持卡人可以在这些商户刷卡消费。

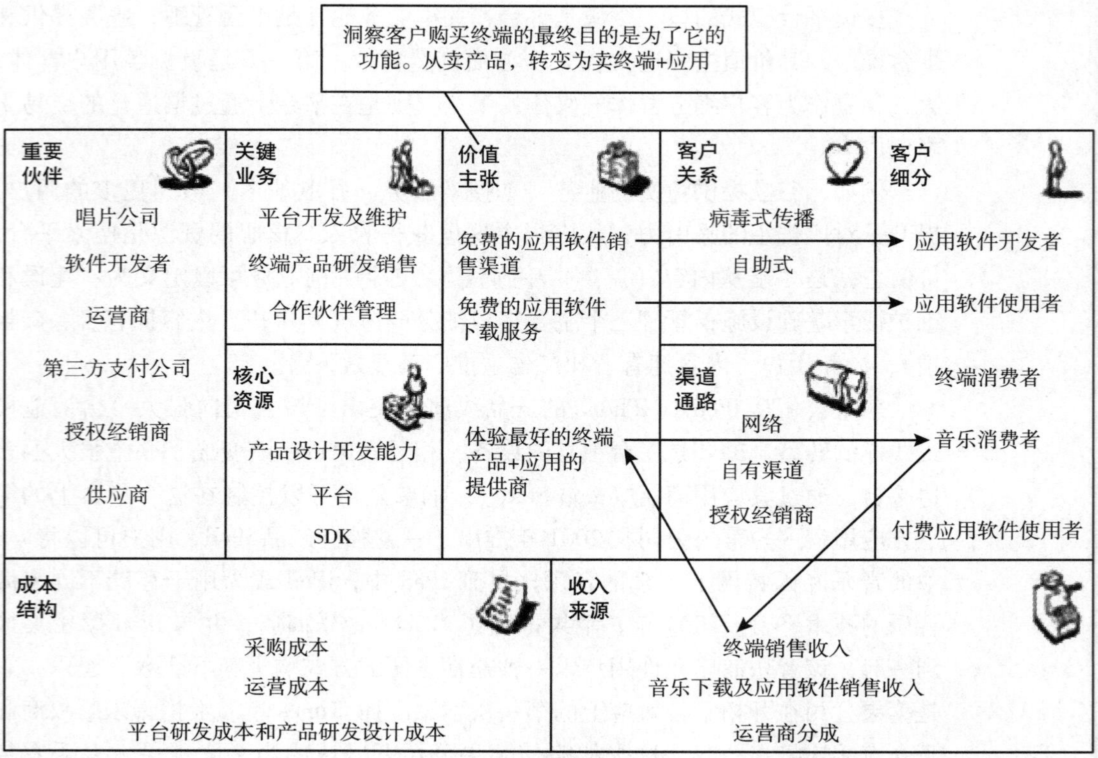

图 4－32　苹果公司多边平台式样

四、免费式商业模式

所谓免费模式，是指商家利用大众乐于接受“天上掉馅饼”的心理，借助免费手段销售产品或服务，建立庞大的消费群体，塑造品牌形象，然后再通过配套的增值服务、广告费等方式取得收益的一种新商业模式。这种商业模式本身的成本很低，而“免费”的金字招牌对顾客有着无穷的吸引力，能在短时间内使企业迅速占领市场，扩大知名度。

2003 年，淘宝网构建了电子商务生态圈，它那招“天下免费”一剑刺翻当时的江湖老大“eBay”，企业对企业（B2B）市场自此霸主易位。平台的免费商业模式创造了淘宝的夺目辉煌，淘宝网不仅对观光客免费，同时还创造优质的免费服务，努力屏蔽一切可能的商业欺诈，为消费者体验“免费时代”而不断创新技术和服务。但是，世界上并没有真正的免费，支撑平台运作的是第三方对平台的付费，它在免费倾销自己的时候，把消费者“打包”有偿卖给了第三方，而它的免费、安全的支付体系更坚定了客户使用淘宝的信心。用商业画布分析淘宝支付体系的免费商业模式，如图 4－33 所示。

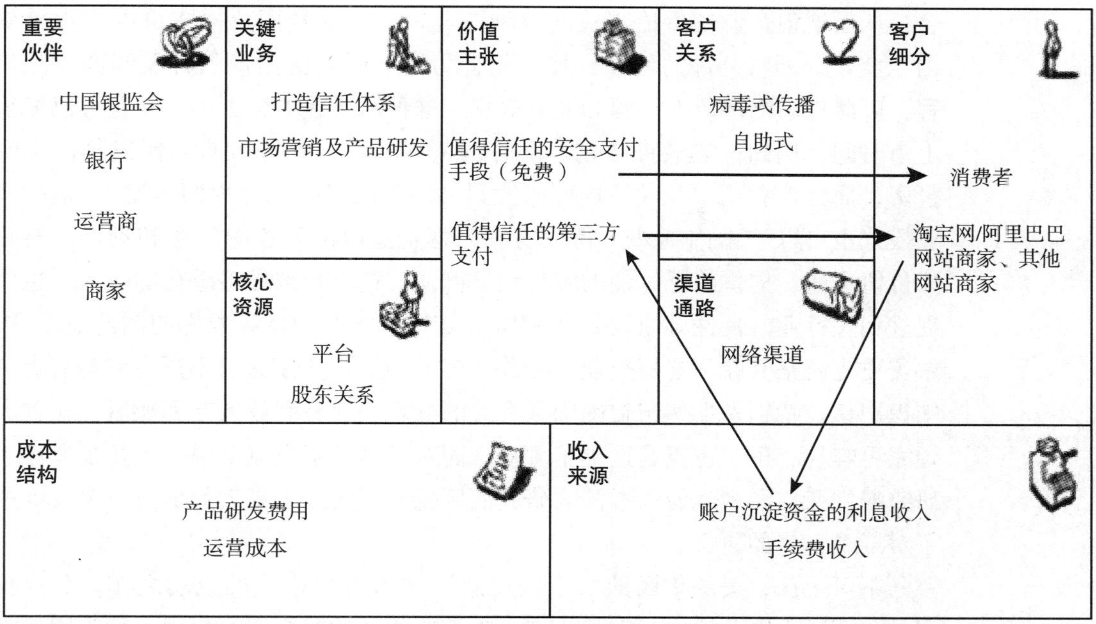

图 4－33 淘宝支付体系的免费商业模式

优酷（Youku）也不失为免费式商业模式成功应用的典范。它提供了对用户视频的最快、最便捷地浏览、上传、搜索、分享的服务平台，模仿优兔（YouTube）以 UGC 内容为主起家，通过合作或购买获得正版产品，提供免费视频以吸引人气，鼓励用户自拍，收入包括了视频贴片广告、收费视频点播、流媒体市场服务、电视台素材分成、娱乐综艺性的视频营销。

事实上，企业是一个营利性的组织，让企业完全免费是非常困难的。更多使用免费商业模式的企业会选择单方免费，多方收费的方式去展开它的免费商业模式运营。例如，百合网的普通会员是免费的，VIP 会员是付费的，其实普通会员如果要阅读信件等，也需要购买百合网的“红豆”才能阅读，当然，普通会员如果需要获得免费的“红豆”，也可以按时完成百合网发放的任务，只要按时完成任务，就可以获得数量不等的“红豆”，这看似是免费的，但普通会员为此付出了时间和劳动。

免费商业模式实质并不免费，但它为企业开拓了市场，并赚取丰厚的利润，通过系统地整合各方面的资源，既壮大了自己，又大大地提升了顾客的消费者剩余。

五、开放式商业模式

开放式商业模式就是企业为了最大化商业价值，打破组织的界限，整合企业利益相关者的所有知识和资源（创意、技术等），通过内外部资源的相耦合，从而增强企业的价值创造的一种商业模式。这种商业模式可以“由外到内”实现，即将外部的创意、技术和智力资产引入到内部的开发和商业化流程，以此提高内部研发资源和业务效率，这种成果成本会更小，并且可以缩短上市时间。例如，宝洁将“创新”作为公司核心后，并没有对研发部门大幅投资，而是建立了“从关注内部研发到关注开放式研发过程的转变”。这种商业模式也可以“由内到外”得以实现，将企业内部闲置的创意和资产，转化成价值主张，提供给感兴趣的客户细分群体，这将带来更多潜在的收入，也将促进相关行业的良性健康发展。又如，葛兰素史克（世界领先的制药业巨擘，中美史克就是其在华合资企业）制作了专利池，汇集了来自不同专利持有者的知识产权，特别是那些与贫困国家有关的疑难病症专利放入专利池后，让贫穷国家更容易获得，也算是造福了大众。而对于葛兰素史克来说，主要是专注于研究畅销药，专利池使未被深入研究的闲置专利发挥了更大的价值，并且促进了对疑难病症的研究。

不可否认，美的集团的“全民创意”也是开放模式的成功之作。美的集团是一家以家电业为主，涉足房产、物流等领域的综合企业集团，是中国最具规模的白色家电生产基地和出口基地之一。过去若干年，美的集团习惯于用创新维系自己的研发中心或者自己的专业研发机构，但是随着同行业企业的发展，信息技术的广泛应用，市场上产品同质化现象越来越严重，产品更新速度越来越快，美的集团意识到，光靠自身研发团队的力量已经无法在竞争中立足发展，消费者才是最好的创新者，因为他们最清晰地了解其需求，美的集团由此创造了创意创新走“群众路线”的开放模式，即向消费者征询新产品创意，并请消费者参与到产品前期的研发活动中来，让研发人员准确地把握消费者的需求，以适时互动完善新产品。事实证明，通过消费者的参与，更新产品概念，更受市场欢迎。

美国创新中心网站（InnoCentive）创立于2001年，是衔接科技研发供求方，致力于为企业提供创新解决方案的第三方开放式在线创新平台。目前，该网站已覆盖商业、化学、信息技术、工程与设计、食品工程、生命科学、数学与统计、物理及能源技术等多个基础研究及先进制造业领域，成为全球运营最成功的开放式在线创新平台之一。用商业画布分析创新中心商业模式，如图4-34所示。

这些成功的例子可以证明，虽然它们存在于不同的行业，但是“开放”有助于企业走出孤立交易的小圈子，进入相互影响、相互作用的“联合王国”，获得竞争优势，同时也有助于降低风险，推动企业商业模式的进一步完善和发展。

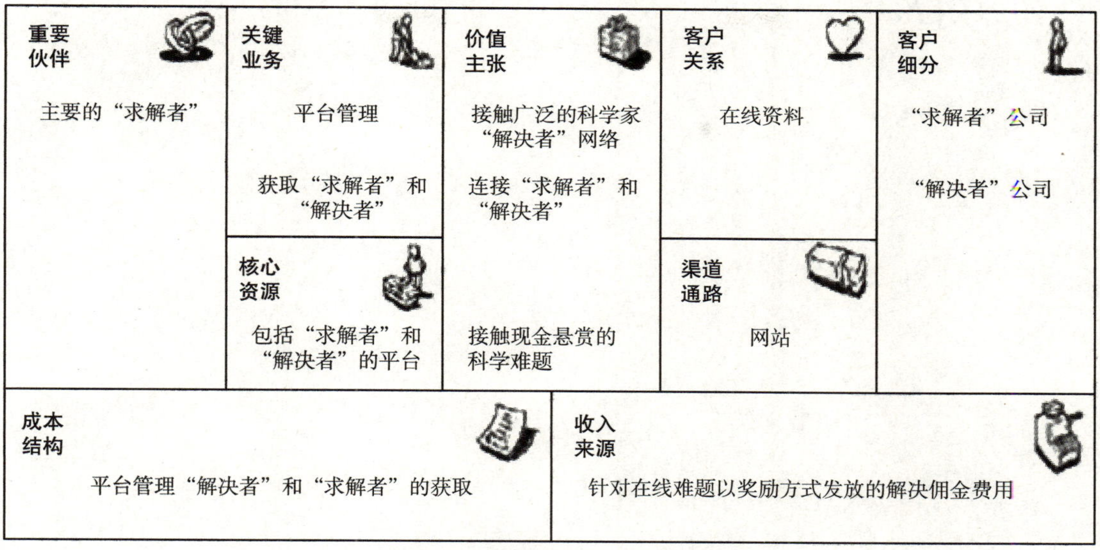

图 4－34 创新中心商业模式

第五章

基于精益创业的商业模式设计验证

第一节

基本理念

莱斯的精益创业理论根植于互联网行业，是软件开发的一种新模式。但其背后的“商业模式设计验证”思想在大量非 IT 领域得到应用。例如，美剧的拍摄，往往都会先拍摄一部几十分钟的先导片，交代主要的人物关系、矛盾冲突、故事背景，然后邀请几十位观众参加小规模试映会，再根据观众的反馈来决定剧情要做哪些修改。整体而言，精益创业适合客户需求变化快但开发难度不高的领域，如软件、电影电视、金融服务等领域。在国内，除互联网企业外，酒店管理领域的“今夜酒店特价”也采用这种小步试错的方式进行开发。

一、创业阶段

创业公司必然会经历三个阶段，如图 5－1 所示。

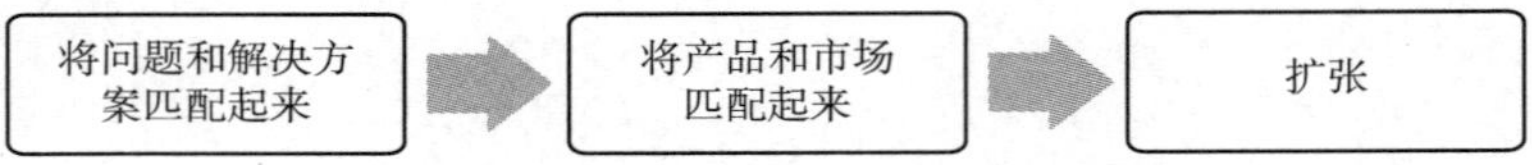

图 5－1　创业的三个阶段

在将产品和市场匹配起来之前，公司应该进行验证学习，即对商业模式中的各个元素进行实验，以便能科学地验证这些元素是否与预期相符，并综合实验的结果来认识如何让公司可持续发展。这一期间公司会进行转型，即改变企业的发展方向，当然，是否进行转型还需要对现有模式和新的模式进行验证，这也就是本章所要讲述的内容。

在扩张之前，公司更加关注企业的增长和发展，这一期间进行的实验主要是优化实验，与转型实验不同，优化是为了加速方案的执行，为了提高效率，扩张规模。

二、验证式学习循环与迭代实验

精益创业作为一套科学严谨的方法论，实验尤为重要。精益创业中的实验是根据客户反馈进行学习的过程，即验证式学习循环，也被叫作“创建—评估—学习循环”，如图 5-2 所示。

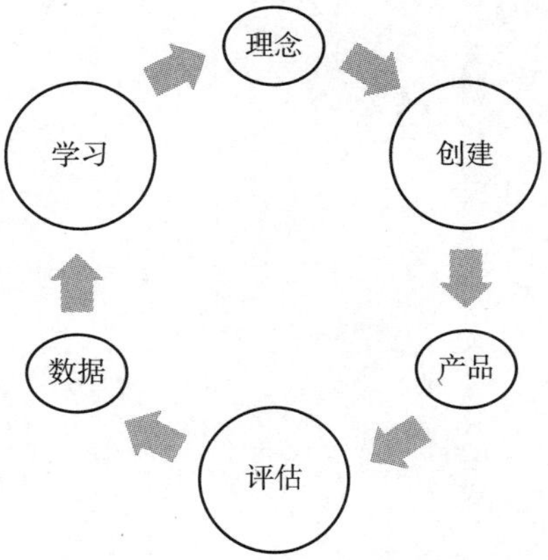

图 5-2　创建—评估—学习循环

根据图 5-2 所示这个循环，我们进行迭代实验来验证或否决一个商业模式，迭代即为了实现目标而进行的多次试验，本次验证过程将根据图 5-3 步骤进行实验。

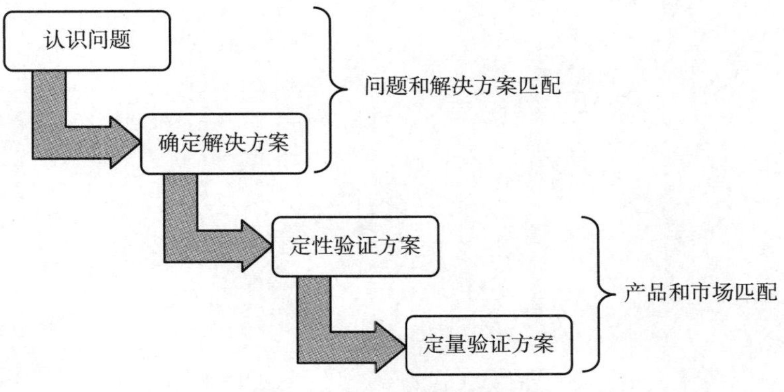

图 5-3　迭代的基本模式

在产品和市场匹配之前，我们需要定性、定量的验证方案，这是精益创业的核心之一，在本章节，实验验证遵循着迭代的基本模式，通过以下步骤来验证商业模式的可行性：商业模式设计；选择模式与规避风险；问卷设计与客户访谈；验证客户生命周期。

第二节

商业模式设计

为了避免浪费，最大限度地利用现有资源，我们需要设计一个目前最佳的商业模式，尽量避免陷入局部最优，这就需要我们一开始就设计多种商业模式进行评估。

一、设计原则

在设计过程中，我们要谨记以下原则，避免偏差与浪费。

（一）在目标客户的选择上

首先，要区分好客户与用户，愿意为产品消费的人群才是产品的真正的客户；其次，要细分客户，面对特定的客户群体进行产品设计和推广，因为新兴企业绝对无法制作和设计让所有人都满意的产品；最后，为最有潜力的几个目标客户群体设计不同的精益画布，根据风险来进行选择。

（二）在制作过程中

首先，迅速起草初始画布，无法确定的部分可以留白，之后再进行实验验证；其次，提炼计划的精华，在画布的限制范围内描述较为完整的商业模式，根据目前的发展阶段和现实情况来填写内容；最后，以客户为本，客户作为精益创业实战的主要驱动力，紧紧围绕客户就可以避免较多的资源浪费。

（三）在问题与解决方案上

第一，针对不同的客户群体，探索他们所需要解决的问题，并和公司的产品对应起来；第二，调查之前客户们是如何解决这个问题的，通过研究大部分现成的解决方案，作为问题的备选解决方案；第三，找出可能会与目标客户进行互动的用户角色，例如，在淘宝上，客户是各种商家，而用户是购买者；第四，总结早期接纳者的特点，进一步细化典型用户的特征，这里需要注意的是早期接纳者，而不是主流用户；第五，不要急于做出详细的解决方案，先针对每个问题提出最简单的解决方案。

（四）在卖点设计上

第一，从早期接纳者的需要解决的头号问题出发，推导出产品的独特卖点，将产品的核心价值进行提炼，短小到可以放在首页标题中，注意要与众不同，具有针对性，能够体现出产品对于客户具有什么样的好处；第二，品牌宣传要认真选择标语，并在以后的宣传中经常出现，增加目标客户的印象，提升搜索引擎排名。

（五）在建立客户渠道上

首先，利用任何可以将产品推销给客户的渠道，在早期渠道的选择上，选择免费的或者成本较低的渠道，选择博客、白皮书、SEO 排名等内联式手段；其次，亲自上阵，直接面对客户，在对产品进行宣传销售的同时，收集客户意见；最后，没有必要一开始就进行口碑营销和推广，可以先做产品后服务。

（六）在收入与成本分析上

第一，如果做收费产品，那么在初期就应该收费，价格也是产品的组成部分，而且，定价方案也决定了该产品的客户群体，如果顾客愿意为你掏钱，这也可以说明，该产品值得被选择；第二，列出当前阶段会产生的各种支出，把收入与成本分析结合起来，找到一个平衡点，估计需要多长时间和精力来达到这个平衡点，这也有助于后续商业模式的选择。

（七）在关键指标选取上

选取几个关键指标，可以借此评估公司的经营状况，还可以帮助找出客户生命周期的重点阶段。

（八）在门槛优势设置上

“真正的门槛优势必须是无法轻易被复制或者购买的”。例如，内部消息、个人权威、社区和 SEO 排名等，这些门槛优势在初期可能只是提供给客户的价值，随着时间推移，就可能变成独一无二的优势，在初期可以留白，仔细思考该如何让自己的产品脱颖而出。

二、设计流程

精益画布可以简洁清晰地展示企业的运营模式及目标客户等，还可以记录思考学习的过程，所以商业模式设计的展示将通过精益画布来实现。综上，制作精益画布的流程如图 5 –4 所示。

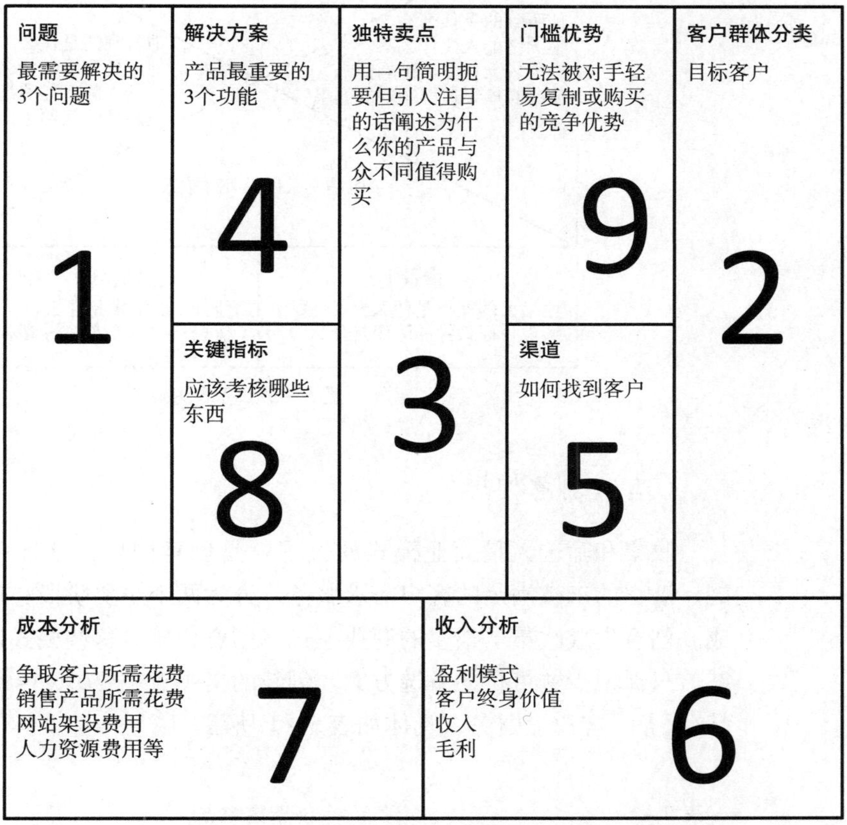

图 5 –4　精益画布

三、设计方法

本部分将介绍几种商业模式的设计方法，利用这些方法，我们将会更迅速地设计出更好的、更具创意的商业模式。

（一）客户洞察

为了避免在设计时忽略客户的意见，我们要从客户的角度来看待商业模式，对目标客户群体进行深入了解，在评估商业模式的时候把客户的思维融入进来。为了更好地了解客户，我们可以使用 XPLANE 开发的一个可视思考工具，它可以帮助我们更好地理解客户环境、日常事务、关注点和心愿。首先我们要先选出几个最有希望的客户，给客户进行编号并录入一些基本信息，接下来就可以询问如图 5－5 中的问题，并进行记录。

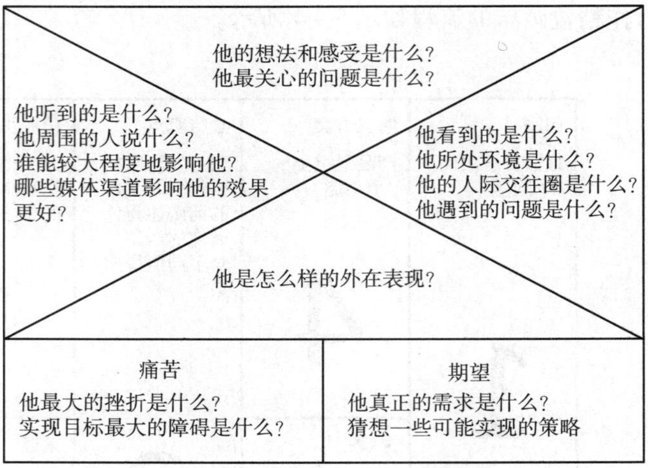

图 5－5 移情图

（二）创意构思

收集和筛选大量商业模式的过程就是创意构思，这种创新是为了满足新的、潜在的未被满足的客户需求服务，分为两个主要阶段：创意生成和创意合成。创意生成收集了很多的商业模式，创意合成对这些模式进行组合，进行缩减，只保留少数可行的备选方案。创新的集中点主要针对 4 个方面：资源、产品/服务、客户、财务，具体如表 5－1 所示。

表 5－1 创新集中点

创新集中点	方向
资源	基于组织现有的基础设施进行创新，或扩展合作关系，或转变现有商业模式
产品/服务	建立新的价值主张来影响其他商业模式的构造
客户	基于客户需求，降低获取成本或提高便利性
财务	收入来源、定价机制或成本结构驱动创新
多中心	综合几个集中点进行创新

有了集中点之后，我们开始创意构思，按照表 5－2 形式进行。

表 5-2　创意构思过程

步骤	关键问题	描述
团队构成	我们的团队成员是否能足够多样性地来创造新的商业模式	团队成员应具备不同的资历和年龄，具备不同的专业知识，还可以考虑引进外部人员
全情投入	我们需要研究的要素有哪些	普遍研究、了解客户，浏览新兴技术，评估现有的商业模式
扩展	针对 4 个创新集中点，我们能想到哪些创新点	尽可能生成较多的创意，主要在于数量，利用头脑风暴强迫人们持续挖掘新的创意
条件筛选	商业模式创意排序的最重要的准则是什么	定义规则，以便将创意减少到可以实现的那几个，规则设置可以包括实施时间、利润空间和阻力等
原型制作	每个入围创意的完整商业模式是什么样子的	将每个入选的 3～5 个候选名单的原型描绘出来，并进行讨论

（三）可视化思考

可视化思考就是用视觉化工具来构建和讨论事务，通过可视化操作使得商业模式的内容从抽象变成具体，阐明了各元素之间的关系，赋予商业模式生命，可视化思考通过理解商业模式的本质，促进团队对话，探索创意，促进交流。我们介绍两种视觉化思考的技术：便利贴和略图描绘，如表 5-3 所示。

表 5-3　视觉化思考的技术

方法	用法	特色
便利贴	使用粗的马克笔在每张便利贴上写上一个元素，代表商业模式的构造块，可以增加、减少或者在商业模式构造块之间进行调整移动	容易阅读浏览，可以在脑海中形成完整的商业模式
略图描绘	使用简单的图画如实呈现商业模式，草图也可以	图画可以在瞬间传递信息

（四）原型制作

原型制作与可视化思考同样可以让概念变得具体，并能促进产生新的创意，它作为一个思维工具，可以帮助我们探索更多的方向。原型制作要求设计人员有一种刨根问底的精神，因为在为一种商业模式提供原型前，需要认真考虑大量的基础商业模式的可行性，这是开拓一种新的商业模式所需要的，原型制作将简单的决策转向了创造可供选择的方式，见表 5-4。

表 5-4 原型制作步骤

步骤	描述
餐巾素描	提出一个粗略的想法 价值主张 收入来源
详细绘制画布	增加这个想法的可行性 绘制完整的画布 描述业务逻辑 评估市场潜力 理解各个构造块之间的关系 做些基本的事实检查
商业案例	检查想法的可行性 制作完整的画布 录入关键数据 计算收入和成本 评估利润空间 基于不同假设的财务场景进行测试
现场测试	实地测试，调查客户的接受度和可行性 准备一个让新模式站得住脚的商业案例 实地测试预期和实际的客户 测试价值主张、渠道、定价机制和市场中的其他要素

（五）故事讲述

讲故事可以让商业模式变得生动形象，引起听众的兴趣，消除听众的抵触情绪，将晦涩难懂的新兴商业模式完美地呈现出来，是一种理想的工具。讲故事可以从公司和客户两个视角来讲故事。让员工成为主人公。来证明这种模式为什么是有效的，员工在故事中了解公司及其商业模式的内在机制，为推行它提供了依据；让客户成为主角，在故事中讲述客户必须解决的问题，以及公司是如何帮他解决的。通过讲故事的手法，模糊事实与虚构之间的界限，这就需要一些讲故事的技巧，见表 5-5。

表 5-5 讲故事技巧

技巧	描述	使用时机	时间和成本
交谈和画图	借助图画向听众更好地传达主人公的故事和他所处的环境	小组或会议报告	低
视频	借助视频向听众更好地传达主人公的故事和所处的环境，模糊现实与虚构的界限	面对大批量观众时或内部讨论	中到高
角色扮演	让人们扮演故事中的主人公，会有身临其境之感	介绍新的商业模式的研讨会上	低

续表

技巧	描述	使用时机	时间和成本
文字和图画	用文字与图画结合的方式来讲述	面向大批量观众	低
连环画	用一系列的连环画来描述主人公的故事和所处的环境	面对大批量观众	低到中

（六）情景推测

情景推测与可视思考、原型制作、故事讲述一样，可以将抽象的概念变成具体的模型，通过细化设计环境，探索创意，让我们熟悉商业模式设计流程，表5-6给出了情景推测的两种类型。

表5-6　　情景推测的两种类型

类型	描述
基于不同的客户背景进行情景推测	在客户洞察的基础上，把对客户的了解融入一组特定的场景中，就可以基于不同的场景对客户进行推测
推测新商业模式可能会参与竞争的未来场景	这里不是要去预测未来，而是具体形象地草绘出未来各种可能的情况，然后思考该商业模式在特定环境下可能的演变趋势，以便更好地来迎接未来的商业环境

第三节

商业模式验证

一、选择模式与规避风险

创业有风险，投资需谨慎。我们在将时间精力投入到一个新的商业模式之前，应该先进行评估，评估这个模式是否满足我们的需要，在设计了一系列的商业模式之后，我们需要进行选择，选择一个可以满足以下要求的商业模式，以期避免创业初期的一些普遍风险。

选择合适的模式时，一定要量化风险，这将决定企业的切入点，将一系列风险按照重要程度列出，依次解决，可以按如图 5 -6 所示的倒金字塔图表示（第一层最为重要）。

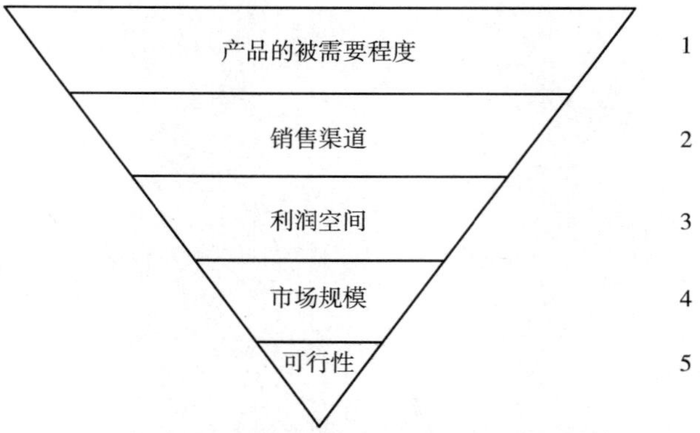

图 5 -6　商业模式选取因素的重要程度

下面对图 5 -6 所涉及的五类因素进行解释：

1. 产品的被需要程度

该模式生产的产品所解决的问题是否是当前目标客户群体亟待解决的大问题，这是模式选择中最为重要的衡量标准，这也决定了产品能不能被客户群体所接受、能不能长远发展。

2. 销售渠道

该模式生产的产品可以被顾客较为容易获得，顾客购买方便，新创企业建立起良好的客户渠道，可以使企业更容易地走向市场，也方便后续的客户沟通验证。

3. 利润空间

我们必须利用最小的成本、在最短的时间内找到有价值的认知，利润空间对于前期的探索期非常重要，利润空间越大，就意味着，我们仅需要较少的客户就可以达到收支平衡。之后进行大规模生产的利润空间会更大，企业由此可以获得长远发展。

4. 市场规模

一般情况下，企业应该选取目标客户群体数较多的商业模式，可以在后期从忠诚客户那里获得产品反馈，便于产品改进。

5. 可行性

检查精益画布，确定该商业模式的每一步是否可以实现，不仅仅是在产品构思上是否周全，还包括企业能否实现该产品，该设想是否是在满足客户需求条件下的最简方案。

二、问卷设计与客户访谈

刚开始一个新模式的时候并不适合立刻开始做问卷调查，因为在这个阶段，你还不清楚该问哪些问题，哪些问题客户最为关注，以及各种问题该设置怎样的答案。客户访谈，不仅仅可以询问客户问题，还可以了解到客户这样回答的原因，而且还可以随机尝试新的问题；客户访谈，没必要一开始就把问题的答案确定，开放式问题可以获得更多客户的想法。

（一）访谈中注意的问题

1. 调研为主

交代背景，然后将大部分的时间交给客户，不必刨根问底，利用与客户交谈的机会完成调研，在访谈中深入挖掘，验证客户的问题是否很急需解决，有没有真正去做些事情来解决问题，交谈过程一定不要变成推介过程，人们更愿意去帮助渴求建议的创业者。

2. 建立问题大纲

在访谈中严格遵守问题大纲来谈话，达成既定的学习目标。

3. 广撒网，面对面交谈

初始时，尽量选择多种类型的客户，避免落入局部最佳的陷阱；在第二轮访谈中，可以再仔细筛选客户，通过面对面的交谈，可以产生亲近感，建立起良好的客户关系，以便后续访谈的再一次进行。

4. 组合访谈，结束后记录

创业者一般天性乐观，为了避免只看到自己想看到的部分，可以邀请第三个人在场，避免自己遗漏信息，在访谈中不要做记录，在结束后抓紧时间写下来，免得使受访者不自在。

5. 无法获取新知识时结束访谈

根据不同的反馈情况、商业模式以及客户渠道，实际需要访问的人数是不同的，当你问客户问题的时候已经能预测出客户的答案，那客户访谈就可以结束了。

（二）针对问题做客户访谈

这一步主要是为了在设计解决方案之前，确定问题和客户群体是否匹配，并解决三大风险。

（1）产品风险：客户如何看待你提出的问题？

（2）市场风险：客户目前是如何来解决这些问题的？

（3）客户风险：选择的目标客户群体能否支撑公司的发展？

接下来就是按照问题大纲来进行访谈并记录，见图 5－7。

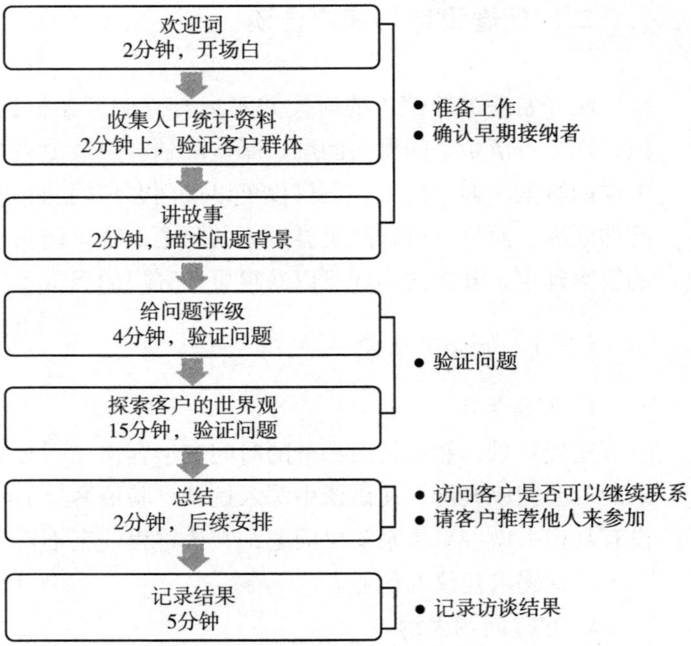

图 5－7 问题访谈大纲

每周根据访谈结果进行反思，具体如何修改将根据实际反馈情况来进行，通过访谈，确定早期接纳者，放弃那些没有共鸣的人群。问题访谈至少要访谈10个人，以便尽早确定早期接纳者的特征，找到较为重要的一个问题，并且能够描述出现有的问题解决方案。

（三）针对解决方案做客户访谈

这一步是为了在开始做产品之前就验证解决方案。首先，仔细检查问题访谈阶段的结果，然后解决下列风险：第一，客户风险，如何找到早期接纳者？第二，产品风险，最简可行产品应该具备哪些功能？第三，市场风险，该如何定价？

为了验证解决方案，我们需要向客户展示一个“演示产品”，使他们可以直观地看到我们的解决方案，以此来验证产品是否可以真正有效地解决问题。演示产品要看起来足够真实，必须是可实现的，在面谈过程中，客户会提出改进意见，所以，演示产品必须能够迅速改进。

在产品的定价上，不要询问客户愿意支付的价格，直接告诉他们价格，这也能帮你尽快确定下早期接纳者。要时刻谨记，价格不仅仅能体现产品的水平，还能直接决定产品的客户群体。

在访谈中，我们还可以通过各种诱导技巧，使自己的产品变得炙手可热，如限量、与其他产品对比等，不能因为目前做的是最简可行产品（MVP）就不收费，虽然是最简，但确实是能够实际解决客户问题的产品。

解决方案访谈的流程与问题访谈类似，我们将不再赘述，请参考图5－7。这里需要注意的是，要选择同一批的受访者，在之前问题访谈中同意做后续访谈的客户中筛选出适合作为早期接纳者的，同这些客户做解决方案访谈；同时，还可以在每批访谈中添加一些新面孔，避免有疲劳感。

解决方案访谈与问题访谈一样，在每周结束的时候反思访谈结果，修改大纲，同时增加或删除MVP功能，并根据客户反馈调整价格。

（四）针对MVP做客户访谈

通过上述验证，我们已经能确定所要运行的商业模式，以及最简可行产品，但这个时候不应该急着去选定销售渠道，而是应该找到一些比较熟悉的早期接纳者，面对面推销产品，根据他们的反馈意见，对定价、产品设计和激活流程上进行改良，为正式发布产品做准备。

这一步目标是使客户购买并使用你的产品，通过这个过程，确定产品的独特卖点、定价机制和激活流程的体验效果，这一步要解决以下几个问题：

（1）产品风险：网站主页是否足够吸引客户停留？客户是否是一步一步顺着激活流程走下来的？产品的独特卖点能不能明确展示出来？产品的缺陷在哪里？

（2）客户风险：现有渠道能不能找到更多的客户？

（3）市场风险：客户是否愿意为产品付钱？

与前面的两个访谈一样，本次访谈也重在学习，而不是宣传，早期 MVP 访谈必须面对面进行，后期可以使用远程屏幕共享进行。访谈流程如图 5－8 所示。

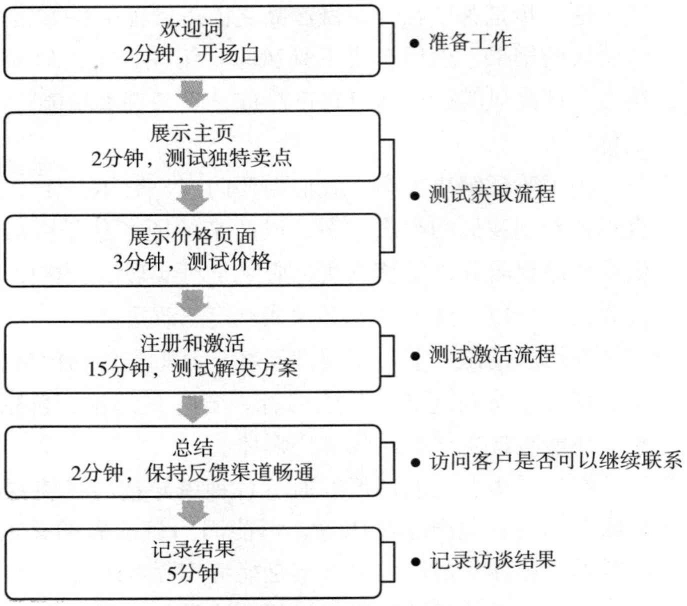

图 5－8　MVP 访谈大纲

下面就是根据访谈结果进行总结和调整的过程，为正式发布产品做准备。

三、验证客户生命周期

目前产品已经拥有一部分注册客户了，为了保持密切联系，简单地获取反馈信息，可以考虑开通免费电话，会让客户感觉他们很受重视。

还可以利用试用期找出一些问题，按照表 5－7 所示的客户生命周期流程进行探索，以便对产品和商业模式进行进一步的调整。

表 5－7　客户试用期

流程	目标
获取	用户对产品感兴趣
激活	用户注册并使用了该产品的核心功能
留客	用户再一次使用产品

续表

流程	目标
收入	用户为产品付费，成为客户
口碑	（暂时不考虑）

在保证有足够访问量的前提下，我们开始进行学习。

（一）获取和激活阶段

仔细分析每个步骤，查看用户是在哪个步骤放弃的，找出用户流失最大的步骤，并找出规律。将不同步骤流失的用户整理到不同的列表里，如果能找到问题，解决后再一次邀请用户尝试使用，找不到问题可以通过与用户交流寻找，并公布错误，以便吸引之前流失的用户。

（二）留客阶段

通过发送邮件提醒用户使用产品，根据生命周期营销法定期发送邮件，宣传高级功能或者帮助信息，再一次联系早期的 MVP 接纳者，询问他们是否有什么新的建议或者问题。

（三）收入阶段

建立一个便利的支付系统，与付费的客户交流，感谢他们成为付费客户，并询问为什么愿意付费，看中了产品的哪个部分的功能，有没有什么改进意见，也要注意没有付费的用户，恳请他们提供反馈信息。

通过这一阶段，经过总结和调整，确定产品上线时机，更新精益画布。到此为止，基于精益创业的商业模式设计验证就结束了。

第六章

案例分析

第一节

产业云服务商业模式

基于产业云服务平台构建了新共享经济模式下的创业合伙模型，包括中央结算、创业合伙、产业大数据运营和交易型孵化器，它是以移动营销行业解决方案为主的产业云服务平台，具体模式如图 6－1 所示。

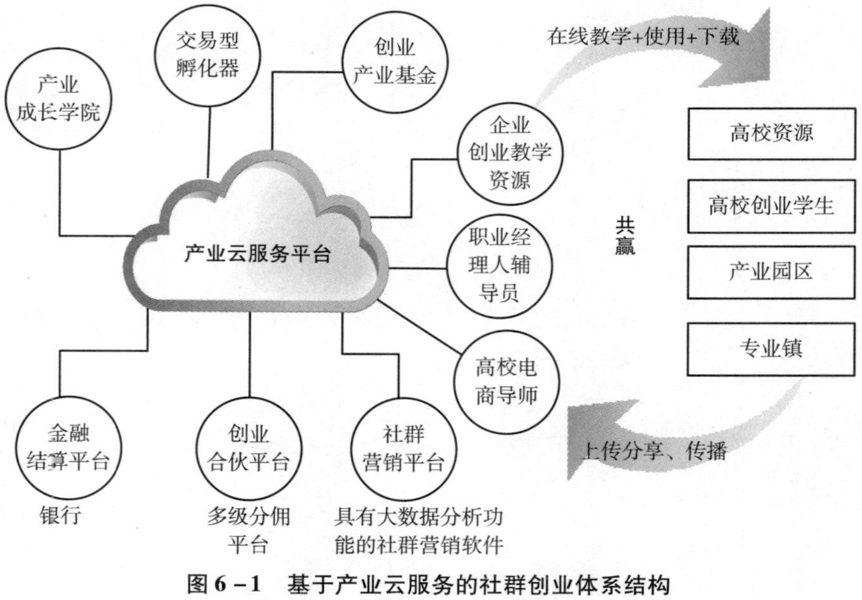

图 6－1　基于产业云服务的社群创业体系结构

通过创业合伙平台，开发以地方产业集群、产业园区为单位的移动营销平台和通道，可以对接产业园区内批量企业，与高校建立行业性创业企业和创业扶持计划。

与具有大数据分析功能的社群营销软件合作，目的是通过社群空间的建设，形成产业链创新模型，建立一个创业的闭环分享空间，帮助异地创业团队整合资源，进行深度创业合作，开展以产业创新为核心的创业服务体系的建设。

与银行建立战略合作关系，帮助对各个创业团队的创业能力和经营状况进行评估，同时根据每个创业团队的营收状况，引进创业基金和风投，帮助高水平创业公司的设立和建设。

在平台基础上进行产业成长学院即产业大数据学院的建设，为产业园区和地方政府构建基于大数据技术采集、应用和数据营销为核心的在线微创学院。为产业集群、企业提供行业大数据研究和分析业务，如研究报告可以给各地方农业龙头企业或地方农业部门提供信息服务，促进农产品电商交易。

通过交易型孵化器为社群以及创业合伙人系统打造专业交易运营管理的交易型合伙运营系统。

该平台着力建设以农业和工业品交易为基础的产业化大数据运营平台，将与社群营销公司、产业链金融机构以及移动营销公司建立助力产业转型升级的、包含产业云服务大数据运营和外包的社群“互联网 +”创业体系。

第二节 • • •

产业云服务商业模式的商业画布可视化分析

用商业画布可视化商业模式时，我们可以采用六种商业模式设计方法：客户洞察、创意构思、可视思考、原型制作、故事讲述、情景推测。这里重点讨论可视思考方法所带来的思维改善。

一、可视思考方法的应用

可视化在实现工具上并不具有太大的神秘感，便利贴就是一个方便的可视化工具，它方便人们在商业模式构造块之间调整移动各个元素，在移动和替代的过程中探索新创意，或者结合商业模式画布略图描绘相关要素。简单的图画能表达出需要大量文字才能表达的含义，也可以激发建设性的讨论。

二、视觉化思维改善的过程

（一）把握商业模式全局

利用商业模式招贴画这样的具有相应语法和视觉化语言功能的概念图形，把相关信息放入商业模式里，用画布简要描述企业的所有流程、结构和体系等现实事物，把商业模式大局呈现给观众的同时也表达了各个元素之间的相互依存关系。

（二）促进对话

共同的商业模式语言将一些隐含的假设变成明确的信息，关注企业不同方面的各成员可以流畅地交流，参与的成员都能理解商业模式各个构造块，并对模式中不同元素建立共同的理解，便于群体达成共识。

（三）探索创意

结合可视化方法的应用，例如，便利贴，用便利贴在墙上展示商业模式的各个要素，可以开展团队的讨论，当贴上或取下某一元素时，会发生什么都可展开讨论。如去除一个客户细分群体，对盈利的影响；能否因为需要降低成本，从而减少对某客户群体的可配资源以及服务；在多边平台中，如何让无利可图的群体吸引有利可图的群体；当我们修改构造块中的某个元素时，会带来什么样的系统影响。这些问题都可以利用视觉化的商业模式画布来彻底思考。

（四）促进交流

一个可视化的商业模式画布，除了建立系统的共同理解，告知系统合伙人现状是什么，需要做什么，如何才能做到，未来可能实现什么；还可以把基于新商业模式的计划“推销”给外部其他伙伴，如在路演时可以展示给投资者和潜在的合作者。

图6－2展示了基于商业画布对图6－1的商业模式可视化结果。

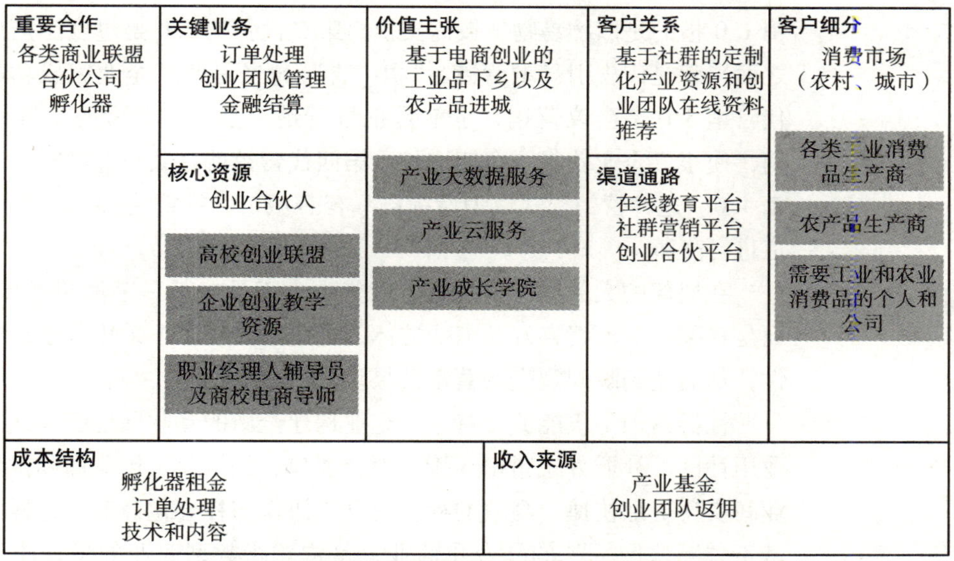

图6－2 用商业画布可视化产业云服务商业模式

下面对图6－2所示的商业画布中的重要元素社群创业、交易型孵化器进行阐释。

第三节 ● ● ●

社群创业

社群营销是基于相同或相似的兴趣爱好，通过某种载体聚集人气，通过产品或服务满足群体需求而产生的商业形态。

大数据营销时代的来临，让产业营销开始迈向营销4.0的时代。第一代营销1.0指的是以物易物，按需交换。第二代营销2.0是过度生产后的推销，随之而来就是广告引导型营销。“卖广告”曾经是所有企业家成功的秘诀。第三代营销3.0是会议营销，也就是批量营销。基于消费者的羊群理论的场景营销，使很多企业获得了高速增长。第四代营销就是共享经济时代下的大数据营销4.0。这种营销模式以消费社群、智慧城市、社群为导向，指导制造业和渠道进行变革。

在崭新的大数据营销时代，销售再也不是向某一个消费者传达产品信息，而是将某一个消费喜好及消费群体的传统消费观念，采用分享模式寻找消费共性，从而达到瞬间裂变的营销结果。

社群营销不仅能够支持一个企业构建全新的互联网生态模式，而且帮助企业用社区、社群方式紧密连接、聚合客户、经销商、供应商和伙伴，也支持企业间实现更加快捷、高效的社会化分工协作与社会化商业。这样的平台打造了基于“互联网+”的社会化商业，是构建指数型商业的最佳路径，最终助力企业转型升级，基于社群营销的“互联网+”创业平台，对希望获得转型升级的传统企业是有吸引力的。

第四节

交易型孵化器

交易型孵化器有别于传统的科技型、创业辅导型、沙龙型孵化园区的孵化器，交易型孵化器是基于产业互联网、社群以及创业合伙人系统打造的专业交易运营管理的交易型合伙运营系统。

一、交易型孵化器组成业态

（1）交易型孵化器是在移动社群端，基于社群合伙人的独立社交、营销和心得分享以及奖励模式的营销平台。

（2）基于互联网产业链构建在线微创学院，邀请产业龙头企业和产业链核心企业以及相关产业链金融服务机构进行授课。

（3）在线下教育端，是以产业性产能交易和移动营销为核心的产业性交易实训实践中心的实体孵化园区，以边实践边创业边孵化边输出的模式，输出成熟的基于移动营销合伙的团队进入产业进行交易管理。

二、交易型孵化器的建设目标

（1）解决创业团队与全产业链脱节的问题。交易型孵化器通过产业链互联网模式导入产业链最新需求，引导职业教育和高校教育按照产业链要求进行创业和实训模型的建立，并通过双师型导师、企业家导师和职业经理人导师对创业团队进行指导，帮助企业在高校建立以产业实习生和产业需求为导向的产品经理培训机制。

（2）交易型孵化器参与建设在线微创学院。为产业园区、孵化器以及企业提供基于移动营销、B2B 营销和产能交易模型的在线训练模式，通过商学院创业导师、行业性企业家导师、一线职业经理人导师以及学生创业领袖的在线心得分享，为行业龙头企业提供全产业链营销专业人才的训练和实际创业辅导，大幅度提高企业新进营销员工以及传统企业面向新移动营销时代的转型速度。

（3）交易型孵化器可参与建设并且部署产业交易，是移动营销创业合伙人和整合营销的产业性实训实践中心，并可申请成立“一址多照”的虚拟创业管理中心。

当前，我国正处于经济增长速度的换挡期、经济结构调整的阵痛期、前期刺激政策的消化期的“三期叠加”时期，面对制造业“去产能化”、房地产“去泡沫化”、金融体系“去杠杆化”、环境“去污染化”带来的经济增速放缓，要推动产业链和价值链从低端转向中高端，保持经济持续稳定增长，必须通过大众创业、万众创新，建立以市场需求为导向的创业生态，充分激发和释放新的消费潜力，唤醒社会资本投向新技术、新产品、新业态和新商业模式，加速中国经济结构转型升级。

通过图 6－1 所示的云服务平台商业模式帮助企业用移动互联网社群方式紧密连接聚合客户、经销商、供应商等合作伙伴，支持企业间实现更加快捷、高效的社会化分工协作与社会化商业，同时充分发挥高校人才及教学优势，通过移动互联网社群创业及交易型孵化器，让创业活动产生裂变效应。整个体系的初始条件是不同利益主体的资源能力禀赋，当这一系统中共生体的大量利益主体都通过平台的商业模式发生演化，其积聚的资源能力束得到加强，竞争地位得到提升，这就形成了整个社会的产业升级。

可见这样一个基于产业云服务的社群“互联网＋”创业体系结构，构建了一个以创业团队、产业资源为初始条件的多边共享经济平台，促进创业团队的裂变发展与整个社会的产业转型升级形成良性循环。

参考文献

［1］ European Commission. Entrepreneurship in Higher Education，Especially within Non－Business Studies ［R］. Final Report of the ExPert Group，2008.

［2］ Streeter D H，et al. University－Wide Trends in Entrepreneurship Education and the Rankings：A Dilemma ［J］. Journal of Entrepreneurship Education，2011 （1）.

［3］ Mars M M，Hoskinson S. Intersecting Entrepreneurship and Law：An Experiential Learning Exchange ［A］. West Ⅲ，G P，et al. Handbook of University-wide Entrepreneurship Education ［C］. Cheltenham，UK：Edward Elgar，2009：191－202.

［4］ 房国忠，刘宏妍．美国大学生创业教育模式及其启示 ［J］．外国教育研究，2006，12 （33）：41－44.

［5］ Consortium for Entrepreneurship Education Fact Sheet ［EB/OL］. http：//www. nde. state. ne. us/entreped/docs/EntreEdConsortium－FactSheet. pdf，2010－02－15.

［6］ The National Council for Graduate Entrepreneurship. Enterprise and Entrepren Eurship in Higher Education：A Report of the 2010 Study by NCGE and ISBE ［R/OL］. http：//www. ncee. org. uk/publication/enterprise_and_entrepreneurship_in_higher_education_full. pdf，2010. 1.

［7］ 徐小洲，梅伟惠．高校创业教育的战略选择：美国模式与欧盟模式 ［J］．高等教育研究，2010，6 （31）：98－102.

［8］ 谢志远，刘元禄，任雪．大学生创业教育转型发展的探索与实践 ［J］．高等工程教育研究，2011 （6）.

［9］ 梅伟惠，徐小洲．中国高校创业教育的发展难题与策略 ［J］．教育研究，2009 （4）.

［10］ 梅伟惠．创业人才培养新视域：全校性创业教育理论与实践 ［J］．教育研究，2012 （6）.

［11］ 安宁，王宏起．高校创业教育课程体系集群化模式构建研究 ［J］．高等工程教育研究，2014 （2）：132－136.

［12］ 武贵龙，符惠明，朱飞．“园区助推型”创业教育模式的探索和实践 ［J］．中国高等教育，2011 （12）：27－28.

［13］ 石秀丽，罗晓梅，杨兔珍．高校创业教育中的产学研结合生命周期模式 ［J］．教育理论与实践，2012，32 （33）：9－11.

［14］ 王树生．创业教育研究 ［D］．长春：东北师范大学，2003.

［15］ 葛莉．就业竞争力视阈下高校创业教育的模式创新 ［J］．教育发展研究，2011 （12）：75－77.

［16］谭贤．社群经济社区 O2O［M］．北京：中国铁道出版社，2016.

［17］林桂平，魏炜，朱武祥．透析盈利模式：魏朱商业模式理论延伸［M］．北京：机械工业出版社，2014.

［18］魏炜，朱武祥．发现商业模式［M］．北京：机械工业出版社，2009.

［19］魏炜，朱武祥．重构商业模式［M］．北京：机械工业出版社，2010.

［20］史蒂夫·布兰克，鲍勃·多夫．创业者手册：教你如何构建伟大的企业［M］．新华都商学院，译．北京：机械工业出版社，2013.

［21］亚历山大·奥斯特瓦德，伊夫·皮尼厄．商业模式新生代［M］．王帅，毛心宇，严威，译．北京：机械工业出版社，2011：116－177.

［22］亚历山大·奥斯特瓦德，伊夫·皮尼厄，格雷格·贝尔纳达，艾伦·史密斯．价值主张设计：如何构建商业模式最重要的环节［M］．余锋，曾建新，李芳芳，译．北京：机械工业出版社，2015.

［23］曹磊，莫岱青．互联网＋海外案例［M］．北京：机械工业出版社，2015.

［24］林桂平，魏炜，朱武祥．商业模式的经济解释：深度解构商业模式密码［M］．北京：机械工业出版社，2015.

［25］林桂平，魏炜，朱武祥．商业模式的经济解释Ⅱ［M］．北京：机械工业出版社，2015.

［26］莫瑞亚．精益创业实战［M］．张玳，译．北京：人民邮电出版社，2013.

［27］Steven Gary Blank．四步创业法［M］．七印部落，译．武汉：华中科技大学出版社，2012.

［28］莱斯．精益创业：新创企业的成长思维［M］．吴彤，译．北京：中信出版社，2012.